Schlesiens natürliche Landschaften

Hans Niekrawietz · Konrad Werner

SCHLESIEN

Unvergessene Heimat

Hans Niekrawietz · Konrad Werner

SCHLESIEN

Unvergessene Heimat

Mit 216 Großfotos

und 72 Zeichnungen

FLECHSIG

Titelbild: Riesengebirge. Riesenbaude mit Schneekoppe (Foto: Adam Kraft)
Strichzeichnungen mit freundlicher Genehmigung des Schlesierverlages L. Heege, Reutlingen
Landkarten im Vor- und Nachsatz: Ernst R. Döring

Sonderausgabe für Flechsig-Buchvertrieb
in der Stürtz Verlag GmbH, Würzburg

Printed in Germany
ISBN 3-8818-9156-0

ZWISCHEN OST UND WEST

»Seit Anfang des Monats bin ich nun in diesem zehnfach interessanten Lande, habe schon manche Theile des Gebirgs und der Ebene durchstrichen und finde, daß es ein sonderbar schönes und begreifliches Ganze macht.«

Diese bezeichnende Stelle findet sich in einem Briefe Goethes an Herder vom Jahre 1790, als Deutschlands größter Dichter als Begleiter des Herzogs Carl August von Sachsen-Weimar durch Schlesien reiste. Offensichtlich beeindruckt schreibt er diese Zeilen und manches andere noch über Schlesien zu einer Zeit, da dieses Land in seiner entscheidenden Phase, zivilisatorisch-industriell, sich erst zu entwickeln begann. Was aber hätte Goethe, wäre er ein Zeitgenosse Gerhart Hauptmanns gewesen, erst über das fortschrittliche, zu voller Blüte entfaltete, ja manchem anderen Land überlegene Schlesien sagen müssen? Gewiß hätte er gelten lassen, was einmal ein schlesischer Dichter über seine Heimat geschrieben, nämlich Hermann Stehr, einer der tiefsten Deuter und Gestalter des Schlesischen überhaupt: Dies Land sei nicht nur eine innere Wesensbeglückung seiner Bewohner, sondern überrasche jeden Wanderer durch die Vielgestalt der verschiedenartigsten Landschaften. Aus der Oderniederung, gegen Westen sanft ansteigend, gelange man durch einen breiten Gürtel fruchtbaren Gartenlandes in das mannigfaltige Durcheinandertummeln von Einzelbergen, wie des Gröditzberges und der Landeskrone bei Görlitz, des weithin sichtbaren Zobten, der Strehlener und Striegauer Berge und vieler anderer noch kleinerer Anhöhen, die alle wie in Wellen nach den Vorbergen der Sudeten hindrängen.

Die Vorstellung von Wellen, freilich mächtiger wogend und schon wie die einer sturmbewegten See, erwecken auch die Riesengebirgs-Bilder von Caspar David Friedrich. Aber auch andere Maler, bis in die Neuzeit hinein, haben den Zauber der schlesischen Berge zu erfassen versucht, jenes gewaltigen, dreihundertdreißig Kilometer langen Gebirgszuges der Sudeten, der sich als eine riesige Zusammenballung verschiedener Gebirge darstellt: des Lausitzer Berglandes, des Isergebirges, des Riesengebirges — eine Bergwelt mit fast alpinem Charakter, aus der die

Prosit Neujahr!

Schneekoppe zu einer Höhe von über 1600 Metern in die Wolken wächst. Von dieser höchsten Erhebung des Landes wandern unaufhörlich, wenn auch nicht mehr zu solchen Höhepunkten, weitere Gebirgszüge nach Osten, zum Glatzer Bergland, zur zerklüfteten Heuscheuer und zu den lieblichen Anhöhen des Altvaters, von denen jedes seinen eigenen Zauber besitzt.
Tatsächlich war Schlesien ein bezauberndes und nach Goethe ein »zehnfach interessantes Land«. Von Breslau sagte der Dichter, daß es sich allein wegen der Dominsel und ihrer Kunstwerke lohne, zu Fuß von Frankfurt nach der schlesischen Metropole zu gehen. So viel Enthusiasmus konnte nur einem tiefen Erlebnis entspringen; dabei entgingen dem Dichter noch wesentliche Punkte, und er hatte sie auch bei einer Durchreise und vereinzelten Besichtigungen nicht erschöpfend wahrnehmen können. Oberschlesien kam vollends zu kurz dabei, dies Land begann auch erst, sich seiner selbst bewußt zu werden, und es währte noch manches Jahr, bis Eichendorff an der jungen Oder seine Stimme erhob — nahe des industriellen Aufbruchs und doch wie ahnungslos unberührt davon.
Hier, an der oberen Oder, war gleichsam noch jungfräuliches Land. Noch hatte die Eisenbahn die Postkutsche nicht abgelöst, sie eilte noch nicht, wie auf ihrem späteren Schienenstrange, über Ratibor und Oderberg nach Wien, und um den Oderquell lebte das ländliche Idyll noch einsam zurückgezogen, nur die Stimmen der Winde und Wetter beherrschten südöstlich das immer höher erhobene Land.

Weitum das Schweigen der Berge,
nebelverhüllt und umwittert von Wolken:
Westlich der drängende Zug der Sudeten,
östlich der Atem der nahen Beskiden,
eisiger Hauch, der in drohenden Stürmen
über die Mährische Pforte dahinbraust
und sich verliert in das liebliche Tal.

AUF DER ODER UNTERWEGS

Zwischen jenen Bergen nun, auf dem waldigen Hochplateau des Mährischen Gesenkes, am »Schönen Ort«, entspringt die Oder, die, mit anderen Quellwassern zu Tale wandernd, sich in die

Auf dem Dorfteich

schlesischen Lande verströmt, einer der längsten deutschen Flüsse, den ein schlesischer Dichter den »tragischen Strom« genannt.

Aber noch fern von Tragik und Trauer wiederholt die Erinnerung die einstige Dampferfahrt auf der Oder mit Freunden — »Thalatta, Thalatta!« riefen sie in übermütiger Abwandlung des bekannten Rufes. Er entsprang dem Gefühl der Loslösung von der zunehmenden Unruhe der Zeit, in der bewußten Illusion, zu den vorübergleitenden Ufern wie in unbekanntes Land zu sehen oder es zumindest mit »neuen Augen« zu betrachten.

Nicht dort, wo die Oder noch jung ist, begann jene Fahrt. Erst von Cosel-Hafen zogen die Schleppkähne, schwer befrachtet mit oberschlesischer Kohle, stromabwärts in Richtung Krappitz — Oppeln — Breslau. Aber zuvor schien noch lange Oberschlesiens »Heiliger Berg« die Fahrt zu begleiten und mit den Windungen des Flusses von allen Seiten sich darzustellen. Und die düsteren Rauchschwaden, die wie ferne Gewölke über den Industriestädten und Fördertürmen den östlichen Himmel verdüsterten, verflüchtigten sich erst in der Reinheit und Stille der Buchenhaine von Scharnosin, der weit hingewürfelten Felder des Odertals, der heiteren Park- und Waldlandschaft um Carlsruhe und der tieferen Waldbereiche um Pleß oder um Ratibor, wo in Lubowitz am jungen Oderfluß Joseph von Eichendorff einst sein »Lied in allen Dingen« erlauschte und es in begnadeter Einfalt erklingen ließ wie keiner vor ihm.

Auf der Eisbahn

Mit dem Pferdegespann durchs verschneite Dorf

Die Erde selbst hebt in diesem dunkelgetönten und doch wie morgendlich aufdämmernden Lande zu singen an, aus Wäldern wie aus Bergwerken, und grubentief ruft ihre Stimme aus den unterirdischen Wäldern der Kohle, und über Tage jubiliert sie aus jeder Vogelkehle in den Wipfeln der alten Bäume. Sie redet die harte und herbe Sprache der Gruben und Eisenwerke, und sie singt das gedämpfte, abseitige Wanderlied der Oder, zu Füßen des Heiligen Berges, auf dem »Sankt Anna auf der Wolke« ruht, Wallfahrtsort und Wahrzeichen Oberschlesiens und vor Jahrzehnten entheiligt zum Tummelplatz politischer Kämpfe...

Dunkeltöniges, verlorenes Lied, das uns von überall anwehte, da uns das Oderschiff talwärts hinabgetragen, inmitten der reichen blühenden Landschaft, die fern von Zeit und Zeitgeschehen noch in einer Welt des Friedens geborgen schien.

Fast unwirklich, sie an sich vorübergleiten zu lassen, sie für eine Weile in stiller Betrachtung besessen zu haben, wie ein Kind die Fülle der Eindrücke aufnimmt und sie über neuen Bildern »vergißt«. Aber es gibt kein Vergessen, nur ein Verblassen, und wie strahlende Morgenröte steigt die Erinnerung aus der Seele und

erfüllt die verblaßten Bilder mit neuen Farben und Tönen, zum Triumph über alle Vergänglichkeit.
Und immer noch tönen die Stimmen des Flusses im Ohr: das leise Gemurmel der Wellen, das Geflüster der windbewegten Weidenbüsche am Ufer, die Rufe der Badenden zwischen den Buhnen und von eilendem Faltboot ein helles Lachen, das ein Möwenschrei übertönt...
Das Ufer aber erschien als das Ruhende, Beharrende und trug die festgefügte Kette der Dörfer und Städte, wie am schimmernden Bande des Stromes aneinandergereiht. Da leuchteten nach Oppeln, der »grünen Brückenstadt«, die Gärten und Parkanlagen von Brieg, und nicht lange danach erreichte uns zwischen Oder und Ohle vom Rathausturm Ohlaus der etwas düstere Gruß seiner Uhr. Doch die sensenschwingende Mahnung verklang und versank im Dufthauch der Blüten und Dolden, die sich oft bis zum Ufer herandrängten und von Zäunen und Gemäuern überhingen. Viele Sommer versanken seitdem, aber das geistige Auge sieht noch das winkende Mädchen am Ufer und die gelassenen Bewegungen des Bauern, der mähend über seine Wiese dahinstapfte, sieht den ziehenden Reiher über dem Fluß, hoch im

Schneebruch

Fastnacht

Blauen, wo kleine zarte Wölkchen wie rosige Schwämme über die Himmelskuppel glitten...
Thalatta, Thalatta! Unser Fluß war das Meer, ein Meer der Freude und Freiheit, das ein Menschenherz umfassen kann. Wie ein Meer verströmte sich auch das Roggenfeld und der Eichenwald, der bald das Flußtal beherrschte.

Dennoch ruht, wie auch die Zeit entflieht,
Wald und Wolke und der hohen Halme Flut.
Selbst des Stromes helle Ader zieht
still und stet, wie das geheime Lied,
das im dunklen Born der Schöpfung ruht.

Und endlich nahte die größte und kostbarste Perle am schimmernden Bande der Oder: Breslau! Aber ein anderes Breslau als die Großstadt, die der D-Zug erreicht. Eine Stadt, die noch der Landschaft zugehört, dem Strom, der sie wie eine Geliebte umarmt und den sie in sichere Ufer säumt und mit prächtigen Brücken schmückt. Und wüßten wir es nicht, so ahnten wir doch, worin ihre Größe besteht. Nicht in den Hochhäusern und ihrer berühmten Südostmesse; selbst nicht in ihrer Jahrhundert-

Hurra, die Pfannkuchen!

halle, die zu den größten Kuppelbauten der Welt gehört; sondern in der Geistigkeit und kulturellen Gestaltungskraft ihrer Vergangenheit, wie sie sich in so kunstgesättigten und ehrwürdigen Bauwerken wie des Breslauer Domes und des spätgotischen Rathauses bezeugen.
Breslau: Tor und Brücke zum Osten. Alte Patrizierstadt und Herzschlag des vielfältig reichen schlesischen Landes. Mit Breslau sind Namen von Weltruf verbunden: Christian von Wolff, als Philosoph ein Vorläufer Kants; Christian Garve, ein Bekämpfer des Kant'schen Kritizismus; Joh. Gottlieb Fichte, Friedrich Schleiermacher; die Chemiker Fritz Haber und Friedrich Bergius, Erfinder der Kohleverflüssigung; der Chirurg Joh. Frh. v. Mikulicz, der Pathologe Paul Ehrlich, Nobelpreisträger; der Dermatologe Albert Neißer, bahnbrechend als Entdecker und Bekämpfer von Krankheitserregern.
Aus der Vielzahl der bildenden Künstler sei nur das Malergenie Adolf von Menzel hervorgehoben. 1815 in Breslau geboren, arbeitete er sich aus ärmlichen Verhältnissen buchstäblich mit beiden Händen zur »Kleinen Exzellenz« herauf. Er war der Maler Preußens und hinterließ, als er fast neunzigjährig starb, ein gewaltiges und einzigartiges Werk, von dem allein die Berliner Nationalgalerie 6000 Zeichnungen besaß. Seine berühmtesten Bilder sind »Die Tafelrunde«, »Das Flötenkonzert«, »Die Huldigung der Stände in Breslau« und manche andere mehr.
Vor allem aber war Breslau als geistiger Schwerpunkt die Pflanzstätte deutscher Dichtung mit ihren einstigen Meistersingern und Dichterschulen. Die Stadt eines Martin Opitz, Lohenstein und Angelus Silesius, Vorläufer leuchtender Namen, von Joseph von Eichendorff und Gustav Freytag, deren Leben und Schaffen wenigstens zeitweilig mit Breslau verknüpft gewesen, bis zu Gerhart Hauptmann, dem größten deutschen Dramatiker, der in jungen Jahren Breslau erlebte und später der Stadt verbunden blieb.
Denn alle Wege führten zu ihr, dem Bollwerk deutscher Kultur, Jahrhunderte hindurch. Sie war ein Zentrum der Wissenschaft und humanistischen Bildung mit ihren Seminaren, Gymnasien und ihrer gerühmten Alma mater, dem hohen Barockbau der Universität. Und sie war der Hort des Glaubens, Bischofsstadt mit dem Dom auf der Insel und den himmelanstrebenden Türmen ihrer vielen anderen Kirchen. Aus manchen Kriegen und Bränden war sie hervorgegangen, immer aufs neue erblüht und emporgewachsen, endlich zur modernen Großstadt entfaltet und gleichwohl verharrend in der sakralen Beständigkeit ihrer Kirchen und Klöster und der barocken Pracht ihrer Profanbau-

Im Frost

Am warmen Ofen

ten, den stumm beredten Kündern eines Gestaltungswillens, der einst seinen geistigen Sieg in den Osten trug.

Kirchen, die zum Himmel ragen,
gotisch feierlich und fern der Zeit,
schauen einsam auf die Stadt hinab.

Schwer von alten Sarkophagen,
die umwittert Unvergänglichkeit,
bergen sie noch manches Fürstengrab.

Ihre Türme stehen noch unversehrt im Lichte des Gedenkens, selbst jene des Domes auf Breslaus »Terra sancta« — oder dort der wuchtige Turm »auf dem Sande«, der anderen Insel, und rings die zahlreichen schlankeren Türme der gotischen Kirchen über dem Häusermeer hoch ihre melodischen Stimmen erhebend wie zu vereinigtem Glockenchoral.

Wenn sie österlich läuteten, dann war es ein einziges brausendes Auferstehungslied, das die Stadt überwogte — von der Sandinsel her — von Sankt Elisabeth — von Sankt Dorotheen — von der Paulskirche — und von jenen Türmen Maria Magdalenens, die einst, im Mittelalter, dem unglücklichen Glockengießer zum letzten Gange geläutet...

Breslau, die Stadt der vielen Kirchen und der Brücken, war aber auch die reichste Handelsstadt des deutschen Ostens, schon von alters her, mit ihren drei Marktanlagen, dem Großen Ring, dem Salzring und dem Neumarkt. Sie war der Sitz wichtiger Industrien und Umschlagplatz vieler Erzeugnisse, namentlich von Textilien und Eisen- und Stahlfabrikaten. Sie besaß, neben Cosel und Maltsch, einen bedeutenden Oderhafen, besonders für den Güterversand nach Mittel- und Westdeutschland. Sie war die Stadt der »guten Gaben«:

Reicher Häuser Namen prangten auf dem Schild.
Und sie zeugten von dem alten »Soll und Haben«
und patrizischen Geschlechtern, die begraben
und doch unvergänglich sind in Wort und Bild.

Von dieser Stadt vermochte man sich, wann immer man sie auch sah und erlebte, nur schwer zu trennen. Aber der Fluß ist ein Zauberer, der sie ständig wiedersieht und durchfließt und gleichzeitig auch schon verläßt. Er ist der beständig Unbeständige, der tiefer als sie die abgelegenen Dörfer und Wälder liebt. Er sucht die Zwiesprache mit Bauern und Schiffern, mit Fährmännern und weltflüchtigen Wanderern, die seinesgleichen sind. Sein Wesen ist Gleichmaß und Stille, und die hohen Fassaden

Am Webstuhl

und Türme, die er noch eben widerspiegelt, zerfließen in der unendlichen Bläue des Himmels.
Einmal im Jahr, am Silvestertage, hatten die Oderschiffer »freie Fahrt«, aber diesmal zu Lande. Es war am Namenstag ihres Schutzpatrons, des heiligen Sylvester, der auch heute noch auf der Oder und in fremden Gewässern ihr Schutzheiliger geblieben ist. Freilich: sein wehmütiges Lächeln erinnert kaum mehr an sein gewährend fröhliches Antlitz von einst, als seine Oderschiffer nach der harten Arbeit des Jahres vom Breslauer Hafen aus ihre Stammkneipen ansteuerten, zum großen silvesterlichen Schiffertreffen, das man eben mitgemacht haben mußte, von der jüngsten Blaujacke bis zum unternehmungslustigen Graubart. Auf die »Brieger Gänse«, die Eisschollen, die winters auf der Oder trieben, achtete wohl gerade um Silvester niemand. Da hatte das Schiffervölkchen anderes im Sinn und wäre durch nichts zu halten gewesen, und mit einem leichten Kopfschütteln zogen sich die Frauen in ihre Kajüte zurück.
Vielleicht aber hatten sie trotzdem ihre stille Freude, wie die Männer, die, zünftig herausgeputzt, von der weiten Marinehose bis zur neuen Schildmütze, über den Landungssteg federten und dann richtig »abhauten«. Schneidige Kerle waren's ja doch. Und die Breslauer Mädel schauten sich nach den Burschen um,

Die Bratäpfel

Schweineschlachten

die ihnen zuwinkten und allerlei Allotria trieben. Hoppla! Schon knatterten die Feuerwerks-Frösche, und Papierschlangen sausten nach allen Seiten um die Schultern der Mädchen. Ja, die Oderschiffer! Sie waren die ersten, die dem ganzen Umtrieb Schwung und eine gewisse Urtümlichkeit brachten.
Schiffer-Silvester in Breslau! Ein einziges Feuerwerk des Übermuts, wie aus den Tiefen der Seele emporgeschleudert! Und waren die Schiffer erst unterwegs, ging es wie ein Lauffeuer um, das sich in die Altstadtgassen und rings um den Ring und den Neumarkt und um den alten Gabeljürgen ergoß und schließlich in die Oderstraße einmündete und dort in den vielen kleinen Schifferlokalen die ganze Silvesternacht brannte. Es war ein herrlicher »Brand«, der nur durch entsprechende Breslauer Spezialitäten, wie etwa den gerühmten »Schirdewan« oder »Hennig-Creme« in Gallonen, gelöscht werden konnte und doch gleichzeitig wunderbar angefacht, so daß die Lebensgeister über allen Oderwassern selig entschwebten. –
Natürlich waren auch das »Schifferklavier« und die »Schnutenorgel«, also Mund- und Ziehharmonikas, mitgebracht worden.

Schlesisches Himmelreich

Und nun wurde zum Tanz aufgespielt, zum Schiffertanz, pausenlos und immer schärfer in Tempo und Takt:

Wie die Welle hüpft vom Kiel,
wie der Wind fegt über Deck,
jagen plötzlich Tanz und Spiel
alle Müh' des Jahres weg.

Schiffer-Karle, Schiffer-Franz
mit der Frieda und Sophie
drehen sich im Dauertanz —
junge Welt, was kostet sie!

Dann war das Silvester-Treiben der Schiffer, wie ein Überbleibsel aus heidnischer Rauhnacht, verrauscht und verflogen. Und unberührt lagen wieder die Dampfer und Kähne im Hafen, wie auch heute und immer zur Winterzeit, verschneit und vereist. Unversehens gewandelt und gleichsam festlich angetan erscheint nun die Landschaft, je mehr der nordwestlich ziehende Strom sich verbreitert und mit Denkmälern der Baukunst, die jetzt die Ebene immer reicher beleben, harmonisch zusammenklingt. Doch nicht zu vergessen der kleineren bescheidenen Schönheit, die oft wie im Dornröschenschlaf am Herzen der Heimat lag. Ein Kleinstadt-Idyll naht heran, das malerische Auras — ein Name, der im Augenblick seiner Aufzeichnung persönlich noch einen anderen, des nahegelegenen Obernigk, letzte Heimstatt in Schlesien, wachruft...
Vorbei! Wir sind unterwegs und erblicken ein Schloß, das mehrtürmig emporragt: Dyhernfurth! Sein malerisches Bild fällt in die stärker strömende Flut und schwindet, und die Szenerie wechselt in überraschender Folge. Die Hafenanlagen von Maltsch tauchen auf, und die patriarchalische Fähre gleitet langsam von Ufer zu Ufer. Eichenwälder verdunkeln den Spiegel des Wassers, aber sie lichten sich wunderbar, um noch Wunderbareres dem Auge freizugeben und den erhabensten Anblick, der über die Größe dieser Naturlandschaft kontrastvoll hinauswächst.
Was ist Vergangenheit? Was ist der Tropfen Zeit, worin die trübe Gegenwart mikrobenhaft lebt, gemessen an den Werken, die höherer Menschengeist ersonnen und in Stein und Bild gestaltet, der Nachwelt zur Erhebung und bewundernder Betrachtung? Wer sind ihre Meister, wer kennt ihre Namen, die ihre Zeit ehrte und pries?

Das hohe Kloster schweigt,
wie Gottes Burg, von nichts berührt —
ein Bau, der wie zum Himmel steigt,
von seinem Geist emporgeführt.

Kloster Leubus, der mächtigste barocke Profanbau Schlesiens, ein entscheidender Ausgangspunkt der deutschen Besiedlung im 12. und 13. Jahrhundert. Besäße es der Westen und stände es an der Donau oder am Rhein, es wäre längst das Ziel internationaler Touristen gewesen und als europäische Sehenswürdigkeit gefeiert worden. Wer aber suchte es im weltentlegenen Oderwald, wer betrachtete die Ausmaße dieses Monumentalbaues, wer sah die hinreißende Pracht seiner Hallen und Säle, wer die Wandgemälde eines Michael Willmann, den man den schlesischen Raffael nannte? Das Kloster schweigt, fast verschollen und

vergessen im Oderwald; geringgeachtet gleich dem lastentragenden »Bauernweib«, der Oder, die unberührt von allem Werden und Wandel vorüberfließt — die »Welle«, wie sie (neben ihrer lateinischen Bezeichnung: Viadua) ursprünglich geheißen haben soll. Der Volksmund nannte sie aber auch Ader oder Auder: »Geihste meite neiber eiber die Auder?« (Gehst du mit hinüber über die Oder).
Doch wie sich der Name des heimischen Stromes auch abwandeln mag, immer wird er liebevoll von uns ausgesprochen, wie ein Anruf, den nur noch der Wind gegen Osten trägt...

O Heimatlaut dieses von Kindheit
vertrauten, Erinnerung weckenden Namens!
Formen und Farben der schlesischen Landschaft
erblühen und leuchten aus ihm.

A d e r müßte er lauten statt Oder,
die Ader des Landes und Lebens,
aus der sich die Wasser verwandeln
in unser lebendiges Blut.

Nordwärts ging unsere Oderfahrt weiter und führte uns bis nach Stettin hinab. Aber die wechselnde Fülle der Landschaft erschöpfte sich nicht. Erschöpft wurde höchstens das Auge, und so schweifte der Blick wohl schon gleichmütiger über Sehenswürdiges hinweg, wie über das wirtschaftlich rührige Steinau, das überaus reizvolle Köben, ehe die Türme der alten Festungsstadt Glogau herannahten, Nordschlesiens kulturellem Mittelpunkt, der eines der ältesten und wertvollsten Stadtarchive des Landes besaß.

Die aale Loade

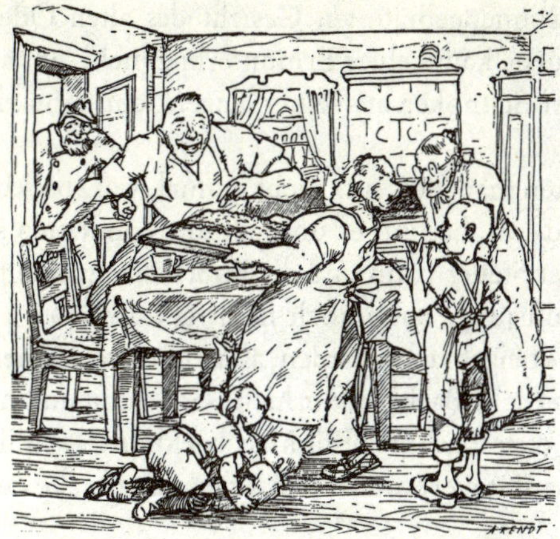

Sträselkucha!

In Glogau wurde Andreas Gryphius geboren, der große Dramatiker der unheilvollen Zeit des Dreißigjährigen Krieges, dessen Grauen sich besonders in seinen schwermutsvollen Sonetten und Epigrammen widerspiegelt.

KAHN DER FRÖHLICHEN LEUTE

An unserem gläserklirrenden Tisch im gemütlichen Schifferlokal zu Glogau — der Dampfer hatte das erste Mal angelegt und uns zu der fröhlichen Kneipenrunde verholfen —, hier war von Literatur gewiß nicht die Rede. Statt dessen betätigte sich unser Käpt'n als gastgebender Zauberer, denn wie er dem Wirt, schon mitten im Kriege, eine Flasche Wein nach der anderen »aus dem Ärmel zu leiern« verstand, war erstaunlich genug. Aber erst bei der zweiten »Pulle« schwand der sonst etwas bärbeißige Ausdruck im sonnengebräunten Gesicht des alten Odermannes, und es bedurfte kaum einer Ermunterung mehr, uns auch noch mit launigen Schnoken aus seiner langen Schifferpraxis zu traktieren.

Ja, da wüßten manche Leute nicht einmal, was »backbord« und »steuerbord« sei, begann er und sah uns Landratten scharf an, während der Steuermann und die Bootsleute grinsten. Er habe das als Schiffsjunge auch noch nicht gewußt, aber es sei ihm »schlagend« beigebracht worden, als er einst von seinem Käpt'n eine fürchterliche Backpfeife erhielt. »So, damit du's nu endlich weeßt: die erste Backpfeife links is backbord! — Willste noch eene rechts uff steuerbord?« Nein, er sei nun für alle Zeit belehrt gewesen.

Aber auch ein Fremder soll einmal belehrt worden sein, als er mit seinem Auto von Westen dahergebraust kam und in dem altertümlichen Schifferstädtchen Beuthen an der Oder einen Bewohner dort anschnarrte: »He, sagen Sie mal, ist das hier das sogenannte Kuh-Beuthen?« Der Gefragte war nicht auf den Mund gefallen und antwortete prompt: »Ju, ju, do honn Se rächt, doas ies dohier Kuh-Beuthen, die Uchsen foahrn jetzt durch!«

Dieser Abend, nahm jetzt der Steuermann das Wort, erinnere

Ausspannung

Oderschiffer

ihn an eine ähnliche Tischrunde in Fürstenberg — für die Oderschiffahrt ein wichtiger Verkehrspunkt, fügte er für die schiffahrtsunkundigen Gäste hinzu. Dort, in ihrer Stammkneipe »Zum groben Gottlieb«, habe man allerdings schärferen Getränken als solchem »Quietscher« hier zugesprochen. Da sei es hoch hergegangen mit dem »Geteepse«, und der in der Nähe wohnende und darum öfter der Nachtruhe entbehrende Pfarrer habe eines Tages den sinnigen Spruch, weit sichtbar, an der Kaimauer schreiben lassen:

»Der größte Feind, das merket wohl,
das ist und bleibt der Alkohol!«

Aber bald darauf sei von ungelenkter Schifferhand dieser Vers ergänzt gewesen:

»Doch in der Bibel steht geschrieben:
Du sollst auch Deine Feinde lieben!«

»Ran an den Feind!« prostete lachend der Käpt'n uns allen zu und gab selbst noch manche Anekdote zum besten, bis er, auf einmal nachdenklich geworden, auch von der Mühsal und Kargheit der Oderschiffer vergangener Tage erzählte. Freilich, sein Vater sei schon Schiffseigner gewesen, aber er, der Sohn, schäme

Gänsehirte

sich fast, diesen Wein zu trinken, wenn er bedenke, wie sich seine Vorfahren heraufarbeiten mußten und sich zumeist mit Wasser begnügten, ihren Durst zu stillen. Sie seien noch Bauern und gleichzeitig Schiffer gewesen, Männer am Steuer wie hinter dem Pflug. Ihr Ziel, das sie endlich erreichten — manchmal erst in der zweiten oder dritten Generation — war immer Wohlstand zu Wasser und zu Lande. Dafür darbten sie, dafür brachten sie jegliches Opfer. Aber sie liebten die feste Erde, die Uferwiesen und Äcker am Strom, doch ihre Sehnsucht galt dem Wasser, das sie zu gewinnen und zu beherrschen wußten. Von ihnen sei auch der alte Schifferspruch überkommen, den die Nachkommen hochhalten und bewahren sollten wie ein Gebet:

»Wogen und Wind
Gottes sind.
Segel aber und Steuer,
daß Ihr den Hafen gewinnt,
sind Euer!«

LAND UNTERM KREUZ

Wie nun gelegentlich einer Dampferfahrt oder einer Wanderung an den Ufern die Bilder des Stromes auch wechseln und so seinen stillen Reiz noch erhöhen mochten: Beständig wie sein ewiges Fließen blieb immer der Anblick der Schiffahrt, vor allem der talwärts ziehenden Kähne. Lautlos zogen sie daher, aus südöstlicher Ferne, dem Ursprungsland der Kohle, der gewichtigsten Frachtquelle der Oderschiffahrt: Oberschlesien.

Nicht nahe genug sind dort Kohle und Wasser benachbart. Dennoch wurde die Oder, bereits gegen Ende des 18. Jahrhunderts, durch den Klodnitz- und Stollenkanal unmittelbar mit dem oberschlesischen Bergbau verbunden, ein heute kaum vorstellbar mühsames Werk. Denn erst nach dreißig Jahre langer Handarbeit, damals eine technische Großtat, schwamm die Kohle in pontonartigen Kähnen mit der Strömung des Grubenwassers unterirdisch aus dem Feld der Königin-Luise-Grube in den Stollenkanal und weiter hinab bis Gleiwitz. Dort, in Klodnitz-Kanal-Kähne verladen, zog die Kohle zur Oder, nun zu langen Schleppzügen formiert, die große Wasserstraße entlang, durch die oberschlesisch-niederschlesische Landschaft.

Doch immer kehrten die leeren Kähne, von Schleppdampfern hinaufgezogen, zur oberen Oder und damit zum Bannkreis des oberschlesischen Industriegebietes zurück. Es war der große Anziehungspunkt überhaupt, vor Jahrzehnten und Jahrhunderten, das magische Land für alle, die sich zukunftsfreudig an

Ein Schwein für bessere Tage

Auf der Walz

seiner Erschließung bewährten: Bergleute, Baumeister, Erfinder und Ingenieure. Ihnen war der unschätzbare Reichtum des Bodens anvertraut, und sie erschlossen ihn, kühn und zielbewußt, mitunter aber auch einsam und entsagungsvoll.
Und wie aus dem Bergwerk unter viel taubem Gestein aus Silberadern gefördert wird, so stieg hier auch das schöpferische Element empor, der wegbereitende Geist, von faustischem Drange beseelt und befähigt, neue Richtung zu weisen, mitunter um selbst vergessen zu werden und in Armut und Verbitterung zu enden. Über Tod und Irrtum verlief der Weg jener Fackelträger, und selbst aus der Mitte des ansässig schaffenden Volkes erstanden Persönlichkeiten als weitschauende Unternehmer und wurden zu Mitbegründern der oberschlesischen Industrie.
Bereits im 16. Jahrhundert fand der Tarnowitzer Peter Jost den Galmeistein, jenes »weiße Gewächs«, das für die Gewinnung von Zink und Messing von entscheidender Bedeutung wird. Die Zinkgewinnung selbst gelang erst zweihundert Jahre später Johann Christian Ruberg, der, ein alchimistischer Grübler, im Elend starb. Sein Erbe mit ungleich größerem Glück trat Godula an, der »Zinkkönig«, die sagenumwobene Gestalt mit dem ebenso sagenhaften Erfolg und doch tragischen Schicksal.
Uralt ist der oberschlesische Bergbau. Schon die alten Völker betrieben ihn vor der Zeitwende, und seine neuere Geschichte reicht bis in die frühe Siedlerzeit zurück, da man im 13. Jahrhundert in Beuthen O/S nach Blei und Silber grub.
Dreihundert Jahre danach belebt der fränkische Hohenzoller Markgraf Georg Friedrich den Bergbau von neuem und gründet die Freie Bergstadt Tarnowitz. »Das Tarnowitzer Glöcklein«, eine alte Volksweise aus Oberschlesien, kündet vom täglichen Abschied des Bergmannes vor der Einfahrt in die gefahrenvolle Tiefe.

Schon wieder tönt vom Schachte her
des Glöckleins dumpfes Hallen.
Laß eilen uns, nicht säumen mehr,
zum Schachte laßt uns wallen.
Drum, Freunde, reicht die Hand zum Gruß,
weil es sein muß — das ist des Schicksals Lauf.
Glück auf!

Verhör

Ob in Tarnowitz oder im übrigen oberschlesischen Revier, wo Eisenerze und Kohlen gefördert wurden und noch werden: überall hier hat Vulcanus, der Gott des Feuers, seine Werkstatt errichtet. Aber sehr irdische Männer sind seine Gehilfen gewesen, obschon auch sie fast der Abglanz des Mythischen verklärt. Zweifellos gab Friedrich der Große hier mächtigen Auftrieb, er faßte die kühnsten Pläne, schuf eine neue Bergordnung, rief bei Oppeln die Malapaner und Kreuzburger Hütte ins Leben und wurde so zum eigentlichen Wegbereiter der oberschlesischen Industrie.
Groß war sein Planen und Wirken, vielleicht aber nicht weniger verdienstvoll erscheinen Männer wie Heinitz und Reden, die gräflichen Berater des Königs. Graf von Reden, der erste Eisenhüttenmann des Kontinents, erzeugte schon 1789 Roheisen mit Koks, und zwar auf der Hütte Malapane O/S.

Hohe Lehre künden Antlitz und Gestalt
jener Männer, die unsterblich sind.
Wer sein Werk getan, das weiter wirkt und währt,
dessen Bildnis bleibt erhöht und unverjährt,
und ihn preisen Kind und Kindeskind.

Hochöfen und Eisenhämmer beginnen zu dröhnen und aufzuflammen. Rauchfahnen wehen über den Werkstätten, und Feuerschein rötet den östlichen Himmel und leuchtet über den immer noch tiefen und unerschöpflichen Wäldern, die da und dort nur den Industriebauten und neuen Ansiedlungen weichen müssen. Einzig der »versunkene Wald der Kohle«, seit grauer Vorzeit verschollen und versteinert, Billionen von Tonnen, schlummern noch in den Tiefen der Erde.
Als Goethe mit seinem herzoglichen Freunde, Carl August von Weimar, 1790 auch nach Oberschlesien reist und in Tarnowitz sein umstrittenes Epigramm in das Gästebuch schreibt, ist hier der Steinkohlenbergbau noch jung. Man baut die Kohle zunächst über Tage ab, da ihre Flöze vielfach bis zur Erdoberfläche hinaufreichen. Erst die Grafen Ballestrem gehen als erste zum

Schmuggel an der Grenze

Tiefbau über und fördern aus einer langen Reihe von Gruben. Sie begründen damit ihren Riesenbesitz, der bald auf die verschiedensten Industriezweige übergreift. Aber die treibende Kraft ist Carl Godulla, Ballestrems Mitarbeiter, der Sohn des Volkes, dessen außergewöhnliche Fähigkeiten sich früh entwickeln und der später selbst zu einem der größten Industriellen emporsteigt.
Im übrigen entwickelt sich der Tiefbau der Kohle ganz zwangsläufig. Man brauchte damals den »brennenden Stein« vor allem zur Gewinnung des Zinks. Der Ruf nach Zink verbreitete sich über Länder und Meere. Zink war ein Weltgeschäft geworden, doch Kohle war der Schlüssel dazu. Und auf der Suche danach erschlossen außer Godulla besonders die Industriellen Giesche, Schaffgotsch, Henckel Donnersmarck und Tiele-Winckler weite und ergiebige Grubenbezirke.
Aber fast überall hatte Godulla seine findige Hand im Spiel. Was war das für ein Mann, der alles, was er anfaßte, zu Gold verwandelte, zu unwahrscheinlichem Reichtum? Ein Zauberer oder nur ein gerissener Spekulant der Gründerzeit? Etwas Dynamisches, ja Dämonisches war um den Mann. Er war der geniale Wünschelrutengänger der Industrie, der mit unheimlicher Si-

Klatschbasen

cherheit die unterirdischen Schätze erspürte und sie dem Berggeist entriß... Und die große Werkmelodie, die er rings um sich erbrausen ließ, hob ihn auf den Thron des Reichtums — und stieß ihn dennoch in die Einsamkeit des Krüppels und Sonderlings.

Gleichwohl umhüllt seine ungefüge Gestalt etwas von zarter Legende, der Poesie eines Märchens. Denn nicht allein, daß Godulla aus anonymer Herkunft und der Niederung der Armut zur Macht eines Magnaten emporwächst, er wird noch zum Begründer des oberschlesischen Stammhauses der Grafen Schaffgotsch, indem er ein Arbeiterkind namens Johanna Gryczyk als Alleinerbin seines riesigen Grund- und Grubenbesitzes einsetzt. Dieses arme Mädchen, plötzlich, wie in »Tausend und einer Nacht«, zu den Reichsten des reichen Landes gehörend, wird nun in Breslau vornehm erzogen und heiratet — es war um die Mitte des vorigen Jahrhunderts — den jungen Reichgrafen Hans Ulrich Schaffgotsch, den Namensträger alteingesessenen schlesischen Adels. Nach der Gräfin aber, die sich allgemein großer Verehrung erfreute, wurde der spätere »Gräfin-Johanna-Schacht« in Bobrek bei Beuthen O/S benannt, da schon längst in Hunderten von Fördertürmen rings im Revier die Räder liefen und Tausende von Bergleuten in immer neu geteuften Schächten die Steinkohle sprengten und förderten.

Hart ist das Antlitz Oberschlesiens, rußgeschwärzt und aus Kohle und Eisen geprägt. In ihrem Zeichen sind Werden und Wandel des Landes beschlossen, sein Glück und seine Tragik als Grenzland, um dessen Bodenschätze schon vor vierzig Jahren der Kampf mit dem östlichen Nachbarn entbrannte. Es wurde damals zum Tummelplatz erbitterter Volkstumskämpfe und Aufstände und politischer Verbrechen — unter den blinden Augen der Interalliierten Abstimmungskommission und der englisch-französisch-italienischen Besatzungstruppen, die von 1920 bis 1922 das Land besetzt hielten und auf ihre Weise die Volksabstimmung überwachten.

Obwohl diese Abstimmung 1921 eine deutsche Mehrheit ergab, wurde ein Jahr darauf der sogenannte Genfer Spruch gefällt, wonach Ostoberschlesien, und damit der wertvollste Teil des Industriegebietes, an Polen fiel. Das Land wurde verstümmelt, seine Lebensfäden zerschnitten, und eine rigorose Umgestaltung der wirtschaftlichen Struktur im Rumpfgebiet wurde notwendig. Die neue Grenze, die sogar durch Industriehöfe, ja unter Tage durch Bergwerke führte, verschlang nahezu vier Fünftel des gesamten oberschlesischen Steinkohlenbeckens. Die Zink- und Bleihütten sowie der Eisenerzbergbau fielen in vollem Umfange an Polen. Das waren die Folgen einer der widersinnigsten Grenzziehungen, die nicht nur Oberschlesiens Industrie-Organismus zerriß, sondern auch die Herzen einer bisher einträchtigen Bevölkerung verstörte und verhetzte — und so Haß und Krieg verewigen half...

Du bist kein Lenzland.
Trotz deines Wälderschweigens
und der gärenden Kraft deiner Frühlinge.
Früh ertaubt der Schmelz deiner Lenze.
Rauchgeflaggt ist der Horizont

am Zickzack der östlichen Grenze.
Und der Frühjahre wechselnder Glanz,
der dich immer noch reich übersonnt,
ist ein quälender Tanz.

Grenzland O/S! Ein Klang wie Notruf und doch wie hartgeschmiedeter Stahl und wie Glockengeläut, das weit über die Grenzen des schwarzen Reviers hinaustönt in eine lichtere Welt. O/S ist der dunkle Zauber, der unter Tage das Bergwerk und seine Tiefen umwittert. O/S ist der gläubige Anruf zur Schutzpatronin der Bergleute, Sankt Barbara. O/S ist das »Land unterm Kreuz«, der »blutenden Grenzen«, ein Land der Kämpfe, des Zwiespalts und Bruderstreits, ein eruptiv bewegtes, seltsam erregendes, ein herrliches Land!
Ein Land voller Eigenart: durchweht und umwittert von jener Atmosphäre, die nicht nur Rauch und Ruß erzeugt, sondern auch der Atem des Schaffens und der Freizügigkeit schöpferischer Kräfte ist, die hier überall am Werke sind. Wie anders hätte der Wald der Essen und Fördertürme aus der weiten Grubenlandschaft emporwachsen können? Er verdrängte die Bauern und ließ ihre Dörfer zu großen, unorganischen Siedlungen zusammenschmelzen. Selbst die Industrie-Großstädte streben mehr und mehr zueinander, und betrachtet man sie aus weitem Abstand, etwa von den Anhöhen der Beskiden, gewinnt man den Eindruck einer einzigen monströsen Stadtlandschaft von lauter Fabriken, die eine riesige Rauchglocke umhüllt.
Aus solcher Sicht sind nicht einmal die mächtigen Dreistädte Beuthen, Gleiwitz und Hindenburg zu unterscheiden. Diese und andere Städte im Kohlenrevier, wie Myslowitz, Tarnowitz, Königshütte, Bismarckhütte, Kattowitz, die fast alle die Einwohnerzahl von 100 000 weit überschreiten, bilden mit ihren Gruben, Hochöfen und Eisenwerken ein unentwirrbares Ganzes.
Als die oberschlesischen Industriestädte im Jahre 1844 an das Eisenbahnnetz angeschlossen wurden, zählte Gleiwitz 6600 und Beuthen nur 4100 Einwohner. An Stelle von Hindenburg (bis zum Ersten Weltkrieg Zabrze genannt) und Königshütte lagen räumlich getrennte kleine Dörfer. Schon 1938 zählten die oberschlesischen Dreistädte Beuthen—Gleiwitz—Hindenburg mehr als 400 000 Menschen. Beuthen aber ist die älteste dieser Städte, sie erhielt im Jahre 1254 das Magdeburger Recht und, wie ebenso überliefert ist, war die Stadt schon im Mittelalter so reich, daß ihre Bergleute für ihre Kinder silberne Wiegen verfertigt haben sollen. Die Zeit der silbernen Wiegen verging, aber das schwarze Gold der Steinkohle überwog jahrhundertelang noch vielfach den Reichtum der kostbarsten Erze.
Dies Land O/S war unerschöpflich reich an Bodenschätzen, in seiner Schönheit im nächtlichen Flammenschein seiner Hochöfen, im Brausen seiner Maschinen — und in der Seele seiner rastlos schaffenden, treuen und inbrunstvoll gläubigen Menschen. Sie waren die Ur-Arbeiter vor Jahrhunderten schon, die Roder der Wälder, die stillen Eroberer des Landes und seine legitimen Söhne und Erben. Ihr großes Werk — selbst durch Kriege und Katastrophen nie völlig stillgelegt — entsprang dem Lebens-

Topfmarkt in Schömberg

willen aller einträchtig Schaffenden, dem Willen, der aufbaut, wo andere zerstören, und der sich in neuem Werk erfüllen und die Fackel vorantragen wird in die unerforschliche Zukunft.

O TÄLER WEIT...

Doch es gab noch ein anderes O/S als das der rauchenden Städte und flammenden Nächte. Es war das Land Eichendorffs, des Sängers unvergänglicher Lieder, der »Heimat hinter den Gipfeln« in »alter schöner Zeit«. Es war die Oderebene um Schloß Lubowitz wie weiter nordwestlich am Ufer der Malapane, des stillsten aller Nebenflüsse der Oder. Dämmergrün dunkeln die Wälder und breiten sich immer einsamer, weltabgelegener um das oberschlesische Carlsruhe aus. Hier war vor etwa zweihundert Jahren ein Jagdschloß entstanden und zur Residenz des kunstsinnigen Herzogs von Württemberg-Oels geworden. Es glich in seiner Anlage und Gestaltung der großen badischen Schwesterstadt Karlsruhe, der es nachgebildet war und doch durch die andersartige Umwelt und kunsthistorische Entwicklung ein eigenes Gepräge gewann. Die kleine Residenz im oberschlesischen Walde nannte man es, und es schien noch von dem

Der Lumpenmann

Zementfabrik bei Oppeln

unzerstörbaren Klange umweht, der es einst erfüllte, als der achtzehnjährige Carl Maria von Weber, von Herzog Eugen an seinen Hof berufen (1804), seine frühen Kompositionen aufführte und selbst dirigierte. Hier auch, so ist anzunehmen, mag der junge Künstler die Anregung zu seiner Oper »Der Freischütz« empfangen haben, die ihm der Wind aus den rauschenden Wäldern Oberschlesiens zugetragen — der ewige Wind des Ostens. Wie ein Nachklang aus jener Zeit, die zeitlos geworden, flüstern die Wipfel in den immer weiter sich ausdehnenden Wäldern, in denen die Dörfer und Städte oft eingebettet liegen wie steinerne, von gedämpftem Leben erfüllte Inseln.
Wenn die Frühnebel über die Ebene wallen, durchzieht die Oder unsichtbar das schweigende Land wie eine unterirdische Silberader das Bergwerk. Erst wenn die gleißende Sonne im Mittag steht, erhebt sich ein gestaltgewordener Choral, der Sankt Annaberg, aus der Flußniederung. Zwischen Waldschneisen und Schluchten, die um den Berg wie riesige Wunden aufklaffen, leuchtet es bunt wie von den Fahnen einer Prozession...

Fange zu reden an, heiliger Berg!
Deine Toten sind stumm, und unversöhnt
vollendete sich über zerrissenem Werk
Jahrzehnt nach Jahrzehnt...

Im Grubenbezirk Oberschlesiens

Östlich der Basaltkuppe des Annaberges erstreckt sich der Muschelkalkrücken des Chelm. Dort, wie sinnend nach innen gekehrt und versprengt vom Getriebe der Welt, liegt das geruhsame Tost mit seiner zerfallenen Burg, die einst den Eichendorffs gehörte.
Aus der Kette der Kleinstädte, die den Annaberg in mehr oder weniger weitem Abstand umschlingt, heben sich Groß Strehlitz mit seinen Kalkwerken und besonders Kreuzburg, die Stadt Gustav Freytags, hervor. Von diesem nordoberschlesischen Grenzwinkel wandert der Blick erneut nach der Oder, die hier die Ebene zwischen den alten Piastenstädten Oppeln und Ratibor mit schlichter Geste belebt. Einst aber, vor manchen Jahrhunderten, rauschten noch urhafte Eichenwälder ihr grünes Lied durch das Odertal und sahen in friedlichen Zeiten den Jagdtroß der Oppelner Herzöge mit Knappen und Knechten.
Erst um Ratibor erwacht das stille, wie im Traum befangene Land mit noch sacht ansteigenden Hügeln und Wäldern, den Wäldern Eichendorffs, dessen Lieder man noch auf allen Wanderwegen zu hören vermeint. Verschüttete Brunnen fließen beim Klang seines Namens, und ein Hauch von Verwunschenheit und Verzauberung geht um Schloß Lubowitz, das Haus seiner Kindheit, wo er 1788 geboren wurde und seine erste Jugend verbrachte.

> Tage, die liedhaft, und Nächte, die monden sind,
> leuchten gestirnt — und die Rauchgesichter
> der östlichen Städte lärmen sich blind
> und wissen nichts mehr vom ewigen Kind,
> dem liederbeseligten heimischen Dichter...

Aber zu Umschau und frommer Wanderschaft ruft noch seine Stimme, die klingen wird, solange sich noch Herzen von der Melodie seiner Worte beschwingen lassen. Es ist, als habe in seinen Gedichten die Natur sich selbst zum Gesange verwandelt. Sie sind Ausstrahlungen des Phänomens einer Seele, die »weit ihre Flügel spannte, als flöge sie nach Haus«.
Und sie führte ihn — nach unbeschwert fröhlichen Studien- und Wanderjahren und Jahrzehnten eines ungeliebten Berufslebens — auch wirklich nach Haus zurück (freilich nicht mehr in das seiner Kindheit am jungen Oderfluß). In der altoberschlesischen Bischofsstadt Neisse vollendete sich 1857 Eichendorffs Leben und Werk.

Kirchgang in Oberschlesien

Kalkofen im Industrierevier

Das andere O/S, das sich auch in seinem großen Dichter personifiziert, glich einem lichten, farbenprächtigen Teppich, dessen Muster sich nie wiederholten. Stets überraschte das Auge das Neue und Unerwartete. So konnte man feiertags mitten im Industriegebiet, um Gleiwitz und Beuthen, den Roßberger Bauern oder den Leuten aus Schönwald in ihren traditionellen Trachten begegnen oder auch in der bekannten Schönwälder Stickstube ihre kunstgewerblichen Erzeugnisse bewundern. Und während gotische oder barocke Kirchen und Klöster den Städten ihr geschichtliches Gesicht verliehen, duckten sich bescheidene Schrotholzkirchen unter den alten Bäumen abseitiger Dörfer, wie zum Beispiel jene bei Tost. Nach einer schriftlichen Überlieferung wird diese Schrotholzkirche als die älteste ihrer Art in Oberschlesien bezeichnet; ihre Entstehung geht bis Anfang des 16. Jahrhunderts zurück. Das Typische an ihr ist die Bauweise, wie sie auch anderen Holzkirchen eigen sein mag. Schiff und Priesterraum sind aus waagerecht aufeinanderliegenden, etwa dreißig Zentimeter starken Balken zusammengesetzt, deren ineinandergefügte Enden geradlinige Kanten bilden. Nur mit dem Beil wurden die Balken einst vierkantig zugerichtet oder »geschrotet«, man spricht daher von Schrotholzbau. Die Dächer sind steile Schindel-Satteldächer. Auf dem First des Hauptdaches sitzt ein Türmchen, auch Dachreiter genannt, und auf der Nordseite sind die Schindeln schon mit Moos und Flechten überzogen. Solch Kirchlein erscheint geradezu als ein Bestandteil der Landschaft, wie aus ihr herausgewachsen, ja, es macht den Eindruck einer Glucke, die mit gespreizten Flügeln ihre Küken schützt. — Es gab auch manch andere und andersartige Holzkirchen in Oberschlesien als die bei Tost, zum Beispiel die Annenkirche bei Rosenberg, die in der räumlichen Gestaltung eine einzig dastehende Anlage und Eigenart unter den schlesischen Holzkirchen darstellt. Der Grundriß ist, auf den Namen der Stadt Rosenberg beziehungsvoll hindeutend, in Form einer aufgeblühten Rose gestaltet.

Nach einer fachlichen Überschau nun setzt die kunstgeschichtliche Entwicklung in Oberschlesien bereits mit der Besiedlung des Landes im 13. Jahrhundert ein. Der Steinbau wurde hier wahrscheinlich erst von den deutschen Siedlern und von den Klöstern eingeführt. Die Mönche waren zweifellos die ersten Kulturträger auch in diesem Landstrich an der oberen Oder. Als eines der ältesten Klöster wurde 1228 die Prämonstratenserinnenabtei Czarnowanz (Klosterbrück) bei Oppeln gegründet (wogegen manche Klostergründungen im Bistum Breslau noch um weitere hundert Jahre zurücklagen). Aber auch in Ober-

Der getreue Hirte

schlesien waren die Zisterzienser als Kulturträger vorherrschend; sie errichteten die beiden Klöster Rauden und als Tochterkloster Himmelwitz. Die Klosterkirche zu Rauden war eines der frühesten Baudenkmäler auf oberschlesischem Boden.
Mit seiner Existenz verbindet sich auch das Vorhandensein geistig-schöpferischen Lebens. Es handelt sich natürlich um theologisches Schrifttum, das aber auch die Umwelt des oberschlesischen Lebens widerspiegelt. Aber erstaunlich ist, was auch hier bereits das Mittelalter und die Zeit des Humanismus und der Reformation an namhaften Vertretern schöpferischen Geistes hervorbrachten, angefangen von Peregrinus von Ratibor bis Nikolaus von Cosel und weiter bis zu Scherffer von Scherffenstein aus Leobschütz und Appeles von Löwenstern aus Neustadt, oder schließlich Johannes Muthmann aus dem Kreuzburger Kreise, bedeutende Liederdichter, deren kirchliche Gesänge noch heute lebendig sind.
Später überstrahlen Namen wie Eichendorff und Gustav Freytag die vieler anderer Nachfahren der Dichtkunst, bis neue Kräfte, vor allem nach dem Ersten Weltkriege, aus dem Erlebnis der Industrie und dem tragischen Grenzlandgeschehen heraus, wieder zu verstärktem Eigenleben erwachen.
Aber auch an anderen schöpferischen Gestalten war Oberschlesien keineswegs arm. Von ihnen seien nur die größten genannt:

Gorkauer Heiratsmarkt

Hochzeit im Dorfe

der Astronom Nikolaus Kopernikus aus Köppernig bei Neisse, der Forschungsreisende Emin Pascha aus Oppeln und der »Bienenvater« Johannes Dzierzon, Landsmann und Zeitgenosse Gustav Freytags, Altmeister der deutschen Imker von internationalem Ruf.
Namhafte Theologen der Neuzeit brachte Oberschlesien noch hervor, wie den religionsphilosophischen Schriftsteller und Pfarrer Josef Kühnel, ein eminenter, tiefschürfender Denker, oder den Kattowitzer P. Erich Przywara S. J., ebenfalls Religionsphilosoph von hohen Graden, modern, zeitkritisch und traditionsgebunden zugleich. Ihre Reden und Schriften sind von weltweiter Bedeutung. Sie selbst entstammen wohl einer bestimmten Landschaft, hier der oberschlesischen; doch wie sie über ihre Grenzen hinauswirkten, so waren eben diese Grenzen nicht bestimmend für ein einheitlich gewachsenes Volkstum. Wohl nirgendwo waren die Grenzen fließender, die Landschaft wechselvoller und die Menschen wiederum von diesen Komponenten bestimmt und fast zwiespältig zusammengesetzt. Die unglücklichen Grenzziehungen seit Ende des Ersten Weltkrieges haben diesen Zwiespalt noch vertieft... Sie entfremdeten oft den oberschlesischen Menschen sich selbst, ebenso wie er die wertvollsten Randgebiete des Landes gleichsam unter seinen Füßen entrissen sah, zum Beispiel jenes Hultschiner Ländchen, das man die Kornkammer Oberschlesiens genannt und das nach

dem Diktat von Versailles ohne Befragung der Bevölkerung an die Tschechoslowakei verlorenging.

Aber sonst hatte die Verschiedenartigkeit von Land und Leuten auch seinen Reiz, der sich jenseits der Landesgrenzen sogar verstärken konnte. Und wandte man sich vielleicht von Neisse her über Ziegenhals dem Altvatergebirge zu, so verspürte man sogleich die Bezauberung, die einen schon beim Anblick des Bieletals gefangen nahm. Man erlebte sie als innere Erhebung, die zunächst von außen her durch das ungewöhnlich belebte Landschaftsbild ins Auge und in die Seele fiel. Und man vergaß den Ruß und Rauch der oberschlesischen Industriestädte und hatte nur einen Wunsch:

Wandern im Frühlicht, im Zug der Sudeten
zur »Rauschenden Teß« und zum Altvater hin!
Tage, die groß um die Gipfel sich röten,
erheben mit leuchtenden Bildern den Sinn.

Aber von Neustadt bereits, auch an der Grenze, lockte ein anderes Ziel, die Bischofskoppe, zum Aufstieg, und rings ein gesegnetes, mit Oberschlesien durch Sprache und geschichtliche Zugehörigkeit verbundenes Land. Jahrhunderte zerrannen im Glück des Augenblicks, im Erlebnis dieses »Sonnenwinkels« der heimischen Erde, und wirklich gibt es hier, nahe des Kurortes Wildgrund, den Sonnenwinkelsee, der einem Märchen gleicht, das unzerstörbar am Rande der Zeit und der Ruhelosigkeit des nordöstlich gelegenen Landes erblüht.

Spießrutenlaufen

Storchennest an der Fähre Klein-Döbern

WACHSEN UND WERDEN

Wenn man nun weiter sein Augenmerk auf die vielen altschlesischen Städte lenkt, so könnte man die Vorstellung eines großen steinernen Reigens haben, die Vision einer tausendjährigen Kultur, die sich oft gerade in den kleinen Städten und Städtchen am reinsten erhielt. Jede und jedes hat seinen eigenen Charakter, und doch vereinigt sich viel Ähnliches, das auf die gemeinsame mittelalterliche Stadt- und Dorfanlage hinweist, zum Beispiel jene mit dem für Schlesien kennzeichnenden Ring (in Neisse O/S, Brieg an der Oder, Oels usw.), oder das schlesische Waldhufen-

Taufe

dorf, die typische Form des deutschrechtlichen Dorfes (wie in Heinzendorf in der Grafschaft Glatz).
Seit Beginn der deutschen Kolonisation um 1200 sollen in den ersten 150 Jahren rund 120 Städte nach deutschem Recht gegründet worden sein. Schon vordem hatten die Äbte des Klosters Leubus an der Oder deutsche Siedler ins Land gezogen, und von dort gingen die frühesten Impulse zur Kultivierung des Landes aus. Aber entscheidend gefördert wurde die deutsche Besiedlung durch die Gemahlin Heinrichs I., Herzogin Hedwig, die aus dem bayerischen Andechs stammte und als nachmalige heilige Hedwig als die Patronin Schlesiens gilt. Ihr Sohn, Heinrich II., kämpfte 1241 gegen die einbrechenden Mongolen und fiel an der Spitze der schlesischen Ritterschaft auf der Wahlstatt bei Liegnitz. Nach den Verheerungen jenes Mongoleneinfalls gab sich die leidgeprüfte Herzogin nun völlig ihrem Aufbauwerk hin und gründete neben zahlreichen anderen Klöstern und Kirchen auch das Kloster Trebnitz nördlich Breslau, wo sie 1243 »im Rufe der Heiligkeit« starb.
Jahrhunderte später, 1675, waren die sechzehn Teil- und Fürstengeschlechter, die es in Schlesien noch gegeben, ausgestorben. Liegnitz war die letzte Residenz. Aber ihre stolzen Schlösser mit Wasserkünsten und Parkanlagen dauerten fort, besonders jene von Muskau des Fürsten Pückler, die größte Parkschöpfung Europas, oder das andere Meisterwerk der Gartenkunst, der Park von Fürstenstein, zu Füßen eines mächtigen Schlosses, das sich nur mit einem Königspalast vergleichen läßt. An Schlesiens Westgrenze, am Oder-Nebenfluß Bober, liegt Sagan, wo um 1630 der Astronom Kepler wirkte und zweihundert Jahre später der große französische Dichter und Schriftsteller Stendhal einige Zeit verbrachte. Sagan wird vollends zum Begriff durch sein schönes Barockschloß, das einst Wallenstein gehörte, später Eigentum des Herzogs von Kurland gewesen, um schließlich in französischen Besitz überzugehen. Wahrscheinlich gingen die alten Kunstwerte verloren, seine Gemälde, seine große Bibliothek, sein erlesenes Porzellan, seine Orangerie — inmitten des weitläufigen Parks mit dem Rauschen seiner alten Bäume.
Das kulturelle Leben der niederschlesischen Städte vollzog sich nicht selten unter dem Einfluß des kunstsinnigen Adels, auch wenn seine Förderung zuweilen nur einer Liebhaberei oder Marotte entsprungen sein mag. Mitunter schien auch ein guter Geschäftssinn am Werke gewesen zu sein, wie etwa bei der Gestaltung und Nutzung der großen Fischteiche bei Militsch, an dessen Stadtrande unter den hohen Bäumen des Parkes sich der klas-

Tippelmarkt

Auf dem Jahrmarkt

sizistische Schloßbau des Grafen Maltzahn verbarg. Fürst Carolath verwandelte seinen Park rings um sein Schloß an der Oder in ein »Fliederparadies«, das jährlich viele Ausflügler bewunderten. Und an jener alten »Hohen Straße«, wo einst an einem der Nebenflüsse der Oder, dem Bober, die mittelalterlichen Siedler aus Thüringen und Franken und anderen deutschen Landesteilen ins schlesische Neuland gezogen, liegt die Stadt Löwenberg, die allein schon wegen ihres einzigartigen Rathaus-Remters mit seinen spätgotischen Gewölberippen erwähnt zu werden verdient. Aber solche Gäste sah es wohl nicht wie das Stadthaus der Fürsten von Hohenzollern-Sigmaringen, bei denen große Künstler wie Richard Wagner, Franz Liszt und Hans von Bülow unentgeltlich für die Bürger der Stadt konzertierten. Andererseits brachten die niederschlesischen Städte in den letzten dreihundert Jahren selbst große Künstler und Dichter und Denker hervor: Jakob Böhme aus Görlitz, Philosoph und protestantischer Mystiker; Martin Opitz, Schöpfer der neueren deutschen Verssprache; und die beiden anderen Großen der schlesischen Dichtung, deren Namen man getrost wiederholen darf: Andreas Gryphius aus Glogau und jener Angelus Silesius — Engelsbote aus Schlesien —, bürgerlichen Namens Johannes Scheffler, 1624 zu Breslau geboren, einer der reinsten und eigenartigsten Dichter des Barock, aus mystischen Tiefen emporsteigend, die germanischer Geist nur einmal zuvor, im 12. Jahrhundert, in Meister Ekkehard erreicht. Das Hauptwerk von Angelus Silesius, »Der cherubinische Wandersmann«, wird in die Zeiten hinein fortdauern als Bote des Wesentlichen und damit Unvergänglichen.

Mensch, werde wesentlich! Denn wenn die Welt vergeht,
so fällt der Zufall weg; das Wesen, das besteht.

Viel haben macht nicht reich. Der ist ein reicher Mann,
der alles, was er hat, ohn' Leid verlieren kann.

Freund, so du etwas bist, so bleib doch ja nicht stehn:
Man muß aus einem Lichte fort ins and're gehn.

Weltliche und kirchliche Fürsten schützten und pflegten die Künste in Schlesien. Schon ein Enkel der heiligen Hedwig, Heinrich IV. von Breslau, der Minnesänger, war ein Förderer des höfischen Kunstlebens. Ja, noch mitten im Wiederaufbau des kriegsverheerten Landes nach dem Mongoleneinfall wurde bereits der Grundstein zum großen Kulturmittelpunkt Schlesiens gelegt. Fahrende Sänger, Herzöge, Ritter und Ratsherren und später sogar der Kaiser nahmen an den prunkenden Festlichkeiten und Turnieren teil. Von Breslau aus strahlte die Dichtung, schlesische und oberdeutsche, über Münsterberg und Schweidnitz in die Burgen des Riesengebirges. Hier entsproß und gedieh schon damals schlesische Kultur und wuchs langsam zum weitverzweigten Baume, der in den kommenden Jahrhunderten überaus schöpferisch ausschlagen und reiche Blüte und Frucht tragen sollte. Und zum ersten Male erhob die schlesische Seele ihre Schwingen, und Schlesien selbst war geworden, was es bis

in unsere Tage geblieben: ein Land der Sinnierer und Sektierer, der Gottsucher und Dichter — der »666«, sagte Liliencron etwas mokant.
Viele davon bleiben anonym, vielleicht auch deshalb, weil sie keine besondere Note ausgezeichnet, die ihnen zu einer solchen Popularität verhelfen konnte wie etwa dem Schauspieler, Vortragskünstler, Theaterdirektor, Romanschriftsteller und Dialektdichter Karl von Holtei aus Breslau. Eine äußerst produktive, aktive, getriebene und in ihrem tiefen Schlesiertum liebenswerte Gestalt! Doch wenn sonst nichts von Holtei geblieben wäre, so doch jener Ausruf, jener Heimatseufzer: »Heem will ihch, suste wetter nischt, ack heem!«
Doch selbst die wesentlichen und unvergänglichen Namen lassen sich nicht alle erfassen und noch weniger zum Bilde fügen: sie überstrahlen einander und verlieren damit ihre Bedeutung und Einmaligkeit. Ähnlich geschieht es mit den Namen der schlesischen Städte, deren fast jede geschichtlich denkwürdig und anheimelnd aus der Erinnerung heraufsteigt. Und je kleiner sie auftauchen, um so freudiger begrüßt sie das Herz, das nicht müde wird, die Gedanken nach der alten Heimat oder — im Tone seiner Mundart — »Heemte« zu tragen. Und vielleicht wird es am innigsten berührt durch das geistige Wiedersehen mit dem heimischen Dorf. Wir sehen es noch, wie in die Landschaft hineingewachsen, mit dem reichen Fachwerk der Bauernhäuser in der Bauweise der Siedler aus Franken.
Im steinernen Reigen der schlesischen Städte dürfen auch die Siedlungen der Herrnhuter Brüdergemeine nicht übersehen werden. Sie gehörten zum Bilde der schlesischen Stadtlandschaften mit ihren planmäßigen Ortsanlagen in ganz schlichtem, gleichsam puritanischem Barock. Man begegnete ihnen in Niesky, in Gnadenberg bei Bunzlau, in Neusalz an der Oder und in Gnadau im oberschlesischen Raume.
Im Gedenken an die Dörfer und Städte im Bober-Katzbach-Gebirge taucht als eine der ältesten schlesischen Siedlerstädte Goldberg auf und weckt damit die Vorstellung von »Gold, Gold in Rübezahls Reich!«, wie es noch in heutigen Berichten heißt. Tatsächlich soll im 13. Jahrhundert im Goldberger Bergbau allein wöchentlich 150 Pfund Gold ergraben worden sein. Ortsnamen wie Reichenstein und Goldloch oder die verschiedenen »Seiffen« (das goldhaltige Gebirge: Steinseiffen, Querseiffen, Schmottseiffen, Görresseiffen) sind bezeichnend und zeugen von der Ausdehnung des »goldenen Gewerbes«. Von den mittelschlesischen Goldfundstätten habe Reichenstein an erster Stelle gestanden und gegen Ende des 16. Jahrhunderts seinen Höchstgewinn erreicht. 20 000 Dukaten in eigener Münze sollen dort jährlich geprägt worden sein. Aber dann sei der wertvollste Schacht eingestürzt, den man den »goldenen Esel« genannt habe, und bei diesem Grubenunglück sollen neunzig Bergleute verschüttet worden sein. Und nach dem schon damals geltenden Sprichwort, daß, wer den Schaden hat, für den Spott nicht zu sorgen braucht, hätten die Schlesier noch obendrein von ihren Neidern den Spottnamen »Eselfresser« bekommen, da sie nun ihren Reichtum ganz alleine fräßen.
Dafür aber, daß die schlesischen Bergleute nicht ausschließlich dem »Goldrausch« verfallen sein konnten, spricht die Tatsache, daß sich, wie in alten Chroniken verzeichnet steht, allein tausend Knappen an der Schlacht bei Wahlstatt im Kampfe gegen

Kartoffelmiete

die Mongolen beteiligten und — wie fast das ganze Heer Heinrichs II. — aufgerieben wurden.
Freilich waren die Goldfunde und manche Sage darum abenteuerlich genug. Die Kunde davon lockte auch die sogenannten Walen oder Venediger herbei, italienische Goldgräber, die ebenfalls im Reiche Rübezahls ihr Glück machen wollten. Einer von ihnen hatte noch 1817 das wohl bekannteste »Walenbuch« veröffentlicht — das waren Aufzeichnungen mit stark gefärbten, abergläubisch anmutenden Ratschlägen für Schatzsucher, mit genauen Angaben von zahlreichen Orten, die als goldbergend galten.
Die allerdings oft mit härtester Mühe und mit großen Gefahren erreichten Goldfunde brachten den Händlern und Verarbeitern nicht selten beträchtlichen Reichtum. Das bestätigt auch die Aufschrift »Montes Chrysocreos fecerunt nos Dominos« (Goldspendende Berge machten uns zu Herren), die ein Diener Wallensteins am Palast eines Goldsuchers bemerkte, als er im Auftrage seines Herrn nach Venedig reiste, um festzustellen, ob die Kunde von den Reichtümern der Walen auf Wahrheit beruhe.
Wohl jeder Schlesier kennt die Sage von dem unermeßlichen Schatz im Zobtenberg. Dort war einmal ein Mann — in diesem Falle nicht auf der Suche nach Gold, sondern nach Vogelnestern

Bettelmusikanten auf der Dorfstraße

Feierabend

— in eine Höhle geraten, in welcher zu seiner größten Überraschung ganze Brocken von Gold in mächtigen Haufen herumlagen. Und was er nur schleppen konnte, hatte der Mann davongetragen. Aber nie mehr war es ihm gelungen, jene goldstarrende Schatzkammer wiederzufinden, die wohl Rübezahls höchsteigener Geldschrank gewesen sein mochte...
Aus jener »sagenhaften« Zeit mochte aber wohl noch die Wohlhabenheit herrühren, die man in den behäbigen Bauernhöfen und Häusern und, vielleicht noch stärker ins Auge fallend, den Bauden des Riesengebirges sowie den Gasthöfen und Erholungsstätten anmerken konnte, vom Kurhotel bis zum Dorfkretscham. Hier war so recht die »schläs'sche G'mittlichkeit« daheim, und es konnte da hoch hergehen, wenn sich in den Kleinstädten, meist am Dienstag, die Landbevölkerung traf und die berühmten »Bauernsonntage« begangen wurden. Wer erinnert sich nicht an die köstlichen alten Weinstuben, wo man den »Grünberger« nicht verschmähte — ja, weshalb denn auch! Der schlesische Dichter August Kopisch hat sich mit diesem Wein, der übrigens auch als vorzüglicher Sekt geschätzt war, nur einen gelungenen Spaß machen wollen und, wie man sieht, auch ein gelungenes Gedicht.

Feierabend

Auf Schlesiens Bergen, da wächst ein Wein,
der braucht nicht Hitze, nicht Sonnenschein.
Ob's Jahr schlecht, ob's Jahr gut,
da trinkt man fröhlich der Trauben Blut.
Da lag ich einmal vor dem vollen Faß:
»Ein and'rer soll mir trinken das!«
so rief ich, — »und soll's der Teufel sein,
ich trink' ihn nieder mit solchem Wein!«
Und wie noch das letzte Wort verhallt,
da Satans Schritt durch den Keller schallt:

»He, Freund, — gewinn' ich, so bist du mein!«
So ruft er. »Ich gehe die Wette ein!« —
Da wurde manch Fläschchen leer gemacht,
wir tranken beinahe die ganze Nacht,
da lallt der Teufel: »Hör', Kamerad,
beim Fegefeuer! Jetzt hab' ich's satt!
Ich trank wohl vor hundert Jahren in Prag
mit den Studenten Nacht und Tag,
doch mehr zu trinken solch sauern Wein,
müßt' ich ein geborener Schlesier sein!«

Mit Wehmut gedenkt man der alten schlesischen Gasthöfe mit ihren Stammtischen und erst recht ihren Stammgästen, wie etwa im »Stern« zu Schmiedeberg, den der junge Theodor Körner besungen und von dem noch der alte Gerhart Hauptmann kurioserstaunliche Dinge zu erzählen wußte, die sich um die Jahrhundertwende dort zugetragen hatten.

Nicht weniger berühmt war der Tisch der »Bachstelze« in Schreiberhau. In fröhlicher Runde saßen die bedeutendsten Künstler und Dichter des Landes beieinander: die Brüder Carl und Gerhart Hauptmann und ihre Freunde Wilhelm Boelsche und Hermann Stehr und auch die Riesengebirgsmaler, wie Arthur Nickisch und manch andere noch von Namen und Rang. Und nicht zu vergessen der vielen Erholungs- und Genesungsstätten, die Schlesien zum berühmten Bäderland machten, zum begehrten Reiseziel für Kurbedürftige aus aller Welt. Viele Beschreibungen zeugen davon, daß Schlesien das Land der sonderbarsten Überraschungen und kulturellen Merkwürdigkeiten gewesen ist. Da gab es die Weberkolonie der zwölf Apostel zu Schömberg oder eine ganze Kompanie von figurengeschnitzten Bienenstöcken oder die eigenartigen Schrotholzkirchen in Oberschlesien und die Gnaden-, Friedens- und Grenzkirchen. — Bad Warmbrunn war nicht nur durch seine Holzschnitzschule bekannt, sondern vor allem durch seine heilkräftigen Schwefel-

Oberschlesische Landschaft

In der Pferdeschwemme

quellen. Ein Kranz schlesischer Bäder schmiegt sich in die schönen Täler der Grafschaft Glatz: Reinerz, Kudowa, Altheide, Landeck, Langenau, während in dem vielgestaltigen Waldenburger Bergland Bad Salzbrunn, Charlottenbrunn und Görbersdorf der Heilung der Atmungsorgane dienten. Die schlesischen Bäder verbanden in glücklichster Weise den Zauber einer vornehmen alten Tradition mit den modernsten Möglichkeiten und Einrichtungen des Badewesens.

GABEN DES LANDES

Das Riesengebirge, der Zaun des schlesischen Gartens, läßt sich mit dem »Baedeker« nicht erfassen. Und sei es auch bis in den letzten Winkel erforscht, so bleibt doch dem Wanderer manches verschlossen und nur sein äußeres Bild. »Es ist der wilde, gewaltige Kronreif des Landes«, wie einst ein junger Dichter schrieb. Aber es war auch eine Landschaft des Geistes, die in ihrer Hochblüte, ihrer großen Barockzeit, unerreicht im geistigen Deutschland gewesen. Und nochmals sei Martin Opitz genannt, der Begründer der ersten schlesischen Dichterschule im 17. Jahrhundert, der das bahnbrechende »Buch von der deutschen Poeterey« geschrieben und den Paul Fleming, selbst ein überragender Liederdichter, als den »Fürsten aller deutschen Poeten« pries.

In der Kulturgeschichte der Völker war selten so reiche Natur mit so blühendem, genialischem Geiste verschwistert wie in Schlesien, als hätten die elementaren Kräfte der Erde ihn magisch angezogen und ihrer als würdig befunden. Es war, als suchte sich selbst die Materie zu vergeistigen, wie zum Beispiel in der schon hochentwickelten Glasmacherkunst, die im Riesengebirge wohl der Ausgangspunkt des großen Glasschaffens Schlesiens gewesen ist. In einem Pergamentband der Breslauer Bibliothek ist von einer »Glashutt« die Rede, und damit ist keine andere als jene von Schreiberhau gemeint, die alte Schriften schon 1366 erwähnen. Patrizier der Glaskunst brachte diese Gebirgslandschaft hervor, und hier spielt auch das Glashüttendrama »Und Pippa tanzt« von Gerhart Hauptmann, wie ja viele seiner Bühnengestalten Menschen dieser bewegten Erde gewesen sind. Sie selber mutet dramatisch und tragisch an durch ihr äußeres Bild, ihre Tiefe und Größe, die von Bergwerkstiefen bis zur Wolkenhöhe der Schneekoppe hinaufreicht. In dieser Höhenwelt, inmitten des Schweigens der Berge und Wälder, lag (und liegt heute noch) die Josephinenhütte — uns allen noch ein lebhafter Begriff. Wir haben sie noch vor Augen mit ihrem mächtigen Walmdach und dem vierkantigen Schornstein, der hoch überbälkten Werkhalle, erfüllt vom zauberischen Schein, den die

Flötenspiel im Grase

Weißglut des Schmelzofens ausstrahlte. Hier wanderte viele Jahrzehnte Schlesiens Urwald in die Schlünde der Glasöfen, und die Glashütte wiederum hatte damals keinen festen Stand; sie zog bergaufwärts ihrem »Ernährer«, dem Walde, nach. Und überall ließen sich noch die Spuren der Glasbläser verfolgen: im Niederdorf, auf der Hüttstatt, unterm Weinberg und schließlich über dne Proxenpaß hinaus nach Karlstal und Hoffnungstal, den äußersten Vorposten auf Böhmen zu.

Die Anfänge der Glaskunst im Riesengebirge reichen bis in den Beginn der Besiedlung zurück. Immer neue Wälder wurden niedergeh a u e n , die um 1300 der S c h r e i b e r des Herzogs fällen ließ. Und so entstand in der Lichtung die erste Siedlung von Schreiberhau. — Etwa zweihundertfünfzig Jahre später, unter den Grafen Schaffgotsch, nimmt die Glasmacherei in Schreiberhau schon einen gewissen Aufschwung. Bereits um 1600 wurde dort, wie es heißt, ein gutes w e i ß e s Glas hergestellt, was als ganz besondere Erfindung galt, denn bis dahin war allenthalben nur ein grünliches, unklares Glas geblasen worden.

Die Grundherren des Landes, die Grafen Schaffgotsch, die praktisch die Herren des Riesengebirges gewesen sind, verstanden es allerdings, die besten Fachleute des Glases in ihren Ländereien

Oberschreiberhauer Trachten

Sommersingen

seßhaft zu machen und sie zu außergewöhnlichen Leistungen anzuspornen. Vor allem erkannten sie in Wolfgang Preußler den befähigten Mann, dessen Nachkommen noch volle zweihundertfünfzig Jahre Träger und Repräsentanten schlesischer Glaskunst waren und den Ruf ihres Hauses begründeten.

Der andere große Fachmann des Glases, Franz Pohl, der Schwiegersohn des letzten Preußler, setzte die Tradition der Familie würdig fort und übernahm die neu erbaute Josephinenhütte, deren erstes Glas am 8. Juli 1842 erschmolzen wurde. Ob sie von Gräfin Josephine Schaffgotsch, ihrer Namensgeberin, persönlich eingeweiht wurde, scheint nicht überliefert zu sein.

Der große Glasmeister Franz Pohl aber entwickelte die Josephinenhütte zu einem der bedeutendsten Unternehmen dieser Art im Staate. Seinem Genie sind auch zahlreiche Neuerungen zu verdanken, zum Beispiel die Herstellung von Millefiori-Goldrubinglas und des künstlichen Aventurins, Buntglas mit Kupferkristallen, ebenso die Wiedergewinnung des sogenannten Netz- oder retikulierten Glases, eine seiner denkwürdigsten Erfindungen, die ihm die goldene Medaille und einen Preis von 800 Goldtalern eingetragen hatte. Seine kunstvollen Gläser gingen in alle Welt hinaus und zierten in Palästen die Tafeln der Staatsoberhäupter und Monarchen.

Der große Dichter des Landes aber schrieb später die Verse:

Gieß Wasser in ein gläsernes Glas
klar und rein:
es wird wie Glas im Glase sein.
Und ist es Wein,

dann ist das gläserne Glas voll Farbe und Duft,
und selber, das Glas, ist nichts oder Luft:
eine Form aus Luft, eine Form aus Nichts,
ein leeres leuchtendes Kind des Lichts.

Wo bis du, Glas? Ich sehe dich nicht,
nur den Strahl, der sich in dir bricht.
Du bist vielleicht nur ein Gleichnis vom Geist,
ein Spiegel, von Strahlen und Bildern gespeist...

Die Glasbläser selbst sind die zentralen, fast unwirklich anmutenden Gestalten der Glashütte. Sie beherrschen die Ofenbühne wie die Hauptakteure eines Stückes, das als »Spiel« erscheint und

Kuhhüten

Zeltlager am Rohrteich bei Lauterbach

sich doch in einem höchst realen Schöpfungsprozeß vollzieht, der ebenso natürlich wie wunderbar berührt. Geburt des Glases! Das Auge wird geblendet von der Ausstrahlung der glühendflüssigen Masse, die, weit über tausend Grad erhitzt, aus den Arbeitslöchern des Schmelzofens hervorleuchtet. Davor bewegen sich die Glasbläser, schweißnaß, mit bloßen Armen und Leibern, auf die der Glutschein seine Reflexe wirft. Ihre raschen Gebärden haben etwas Artistisches an sich, wenn sie das Blasrohr, die »Pfeife«, ins Ofenloch tauchen, daraus ein Klümpchen glühenden Glases entnehmen, es abwechselnd schwenken und drehen, dann das lange Rohr wie ein Blasinstrument an den Mund setzen und mit zunehmendem Atemdruck kugel- und birnenartige Gebilde formen, als bliesen sie etwas von ihrem Wesen, ihrer Seele mit hinein.
Unvergeßliches Bild, das in den schlesischen Gebirgen überall aufleuchtet, von der Lausitz und dem Iser- und Riesengebirge bis zum Glatzer Bergland, ja, noch in Oberschlesien, dem Lande der Kohlen und Eisenerze, gab es Glashütten. Aber die Lausitz durfte sich der größten europäischen Glasmacherstadt, Weißwasser, rühmen. Dort schuf in den »Vereinigten Lausitzer Glaswerken« Professor Wagenfeld seine Entwürfe, für die er auf der Weltausstellung in Paris im Jahre 1937 den Grand Prix erhielt.

Schlesische Bäuerin

Sodann die »Osram«, die größte europäische Glühkolbenfabrik, und noch viele andere bedeutende Glaswerke für Hohl- und Flachglas: Sie alle konzentrierten sich in Weißwasser — übrigens auch der Sitz einer eigenen Glasfachschule.
Ebenso war Penzig an der Lausitzer Neiße als zweitgrößter Glashüttenort Schlesiens bekannt. Drei große Glaswerke mit Tausenden von Schaffenden produzierten dort alle Gläsersparten. Weitere bedeutende Glashütten lagen in Reichenbach, im Hirschberger Tal, in Waldenburg-Altwasser und in der Grafschaft Glatz. Nach authentischen Angaben wurden 1938 in Schlesien dreiundvierzig Glashütten gezählt, aber nicht zu zählen und zu nennen sind alle jene, deren Hände und Geist sie betrieben und immer neu die vielfältigen Formen des Glases erdachten und sie zu verwirklichen wußten.
Ein Name nur noch sei genannt, Richard Süßmuth, ein ganz und gar schlesischer Mensch, ein tiefer und — wenn er selbst das Wort erlaubt — ein werkfrommer Gestalter des Glases, der mit vielen erlesenen, wunderbar einfachen Formen auch jenen Pokal geschaffen, der die Gravur »Terra sancta Silesiae« trägt. Schlesische Erde wird darin aufbewahrt, und es strahlt, während das Glas wie von innerem Licht erglänzt, fast etwas Sakrales davon aus, eine magische Kraft, die auch dem Meister innewohnt, der dieses kostbare Gefäß auf neuer Erde geschaffen hat.

Nur eine Handvoll Staub, den wir bewahren
geheiligt im geschliffenen Pokal!
Doch wiegt er schwerer denn ein Block von Stahl
und wie ein Sarg, den wir zur Grube fahren.

Das Herz glaubt aber noch dem Wunderbaren
und naht sich ehrfurchtsvoll wie einem Gral,
um den sich, wandernd über Berg und Tal,
die unsichtbaren Millionen scharen...

Wir warten stumm, wir warten ohne Ende,
wir warten auf die große Schicksalswende,
wir hoffen alle ohne Unterlaß.

Denn wenn die Pfeiler einer Welt zerbrechen,
dann muß aus letzter Not das Wunder sprechen,
und sei's aus Staub in lichtverklärtem Glas!

Schon immer bestanden zwischen Schlesiern und Sudetendeutschen, auch über den »schlesischen Zaun«, die Sudeten, hinweg kulturelle und wirtschaftliche Wechselbeziehungen. Die einstige Einheit in österreichischer Zeit ließ sich doch nie völlig verwischen. Und was seit je den Schlesiern und Sudetendeutschen

Rossberger Bäuerinnen

Gurkenmarkt

gemeinsam gewesen, ihr Gewerbefleiß und ihre künstlerische wie manuelle Begabung, suchte nach Ergänzung und gegenseitiger Vervollkommnung, wobei in der Glasmacherkunst führende Männer Sudetendeutsche gewesen sind.

Neben der Hohlglasverarbeitung jenseits der Grenze nahm vor allem die industrielle Herstellung von zumeist billigem Schmuck aus Glasperlen und Similisteinen einen großen Aufschwung. Hier war die künstlerische Ebene verlassen, doch der Name der Stadt als Sitz dieser Schmuckindustrie war weit und breit bekannt: Gablonz.

Im Schlesischen nun war auch die Keramik ein altbetriebenes Kunstgewerbe und Handwerk. Sein Zentum war Bunzlau, und jedermann kannte die »Bunzeltöppe« und »Tippel«. In Bunzlau gab es auch eine keramische Fachschule und schon im frühen Mittelalter die »Tepper«-Innung.

Einen guten Ruf besaß auch die schlesische Porzellan-Manufaktur, die man die feiner entwickelte Tochter der Keramik nennen könnte. Die Proskauer Fayencen waren lange nach dem Erliegen der örtlichen Herstellung noch beliebte Sammelstücke. Doch auch die Neuzeit brachte kunstvolle Porzellane hervor, vor allem in Königszelt, aber auch in Altwasser und Waldenburg.

Aber Waldenburg muß noch als zweitgrößtes Kohlenrevier Schlesiens eingeschaltet werden. Es ist der Mittelpunkt niederschlesischer Industrie. Sein rußiges Antlitz sieht wie verloren in die lichtgrüne, beschwingte Berglandschaft. Aber die Schalen seiner Förderräder sausen auch hier in die tiefverzweigten Schächte hinab. Steinkohlengruben, Maschinenfabriken, Zwirnereien, Leinengarnhandlungen gaben 66 000 Einwohnern Arbeit und Brot.

Noch andere Werkstoffe als Ton oder Glas nahmen in den Händen des Handwerkers oft künstlerische Formen an. So war auch das oberschlesische Eisen der Rohstoff einer hochentwickelten Schmiedekunst, die reich verzierte Gittertore oder ein so prächtiges Werk wie den »Schönen Brunnen« zu Neisse (gekrönt mit dem österreichischen Doppeladler) geschaffen.

Vollends ist kaum zu erschöpfen, was Schlesien an profaneren Gaben und Gütern hervorgebracht. Noch lange ließen sich hier Rekorde und Superlative in aller Sachlichkeit fortsetzen. Nur einiges, das unumgänglich erscheint, sei kurz erwähnt:Schlesien birgt die reichsten Kohlenvorkommen Europas. Im Jahre 1791 entstand im damaligen Zabrze O/S die erste staatliche Kohlengrube, die spätere Königin-Luisen-Grube, und im gleichen Jahre wurde in Oberschlesien der erste kontinental-europäische Hochofen angeblasen, ebenso wie schon drei Jahre zuvor hier die erste Dampfmaschine angelaufen war.

Die Zuckerindustrie Schlesiens stand vor dem letzten Kriege an erster Stelle der gesamten Zuckerherstellung Deutschlands. 20000 Menschen wurden in ihr beschäftigt. Zuletzt wurden 40 Millionen Zentner Rüben auf Zucker verarbeitet. Franz Karl Achard in Kunern bei Wohlau hatte als erster mit der Herstellung von Rübenzucker begonnen, und seine Fabrik war die erste Zuckerfabrik der Welt. Neben der Kalk- und Zementindustrie um Oppeln, wo jährlich fünfeinhalb Millionen Faß Zement produziert wurden, seien auch die großen Granitbrüche in Strehlen und Striegau genannt. Der größte schlesische Marmorbruch befand sich in Kunzendorf in den Neisser Bergen. Auf Kunzendorfer Marmor geht man im Breslauer Rathaus-Remter, und Kauffunger Marmor betritt man in Schloß Sanssouci bei Potsdam, Lieblingsaufenthalt und Sterbeort Friedrichs des Großen

Bedeutsam und ergreifend durch Kämpfe und Nöte ist auch das Kapitel der schlesischen Weber, deren Schicksal Gerhart Hauptmann in einem seiner berühmtesten Dramen (in der ursprünglichen Dialektfassung »De Waber«) gestaltete und schlesisches Wort und Wesen unverfälscht auf die Bühne stellte.

Der schlesische »Gebirgsleinen- und Schleyerhandel« aber florierte und beherrschte um die Mitte des 18. Jahrhunderts in Hirschberg nahezu den Weltmarkt. Reichenbach wurde das »schlesische Manchester« genannt. Und noch in zahlreichen anderen Städten des Landes sausten die Webstühle, auch im oberschlesischen Neustadt, Sitz der großen Leinen- und Damastweberei S. Fränkel, deren Leinen, wie es heißt, auf den Hoteltischen Yokohamas, New Yorks und Melbournes ebenso wie in den Schränken der deutschen Hausfrau zu finden gewesen sei. Dennoch ist diese Weltfirma vornehmlich ihres Inhabers wegen, Kommerzienrat Max Pinkus, zu nennen, den eine lebenslange Freundschaft mit Gerhart Hauptmann verband und dessen großzügiges Mäzenatentum auch anderen schlesischen Künstlern und Dichtern förderlich gewesen war. Sein gastfreies Haus barg die größte »Schlesien-Bücherei«, die alle seit je über Schlesien geschriebenen und gedruckten Schriften umfaßte. Als der »königliche Jude« 1934 starb, gab ihm Gerhart Hauptmann das letzte Geleit.

Beerenernte im Gebirge

Bei der Obsternte

Die schlesische Erde blieb über alle äußeren Wandlungen hinaus fruchtbar. Ihre Erträge brachten weit über den eigenen Landesbedarf »goldenen Überfluß« hervor. Und wenn die Landleute Kirmes feierten, war alles in Fülle vorhanden, was die Mühsal des ganzen Jahres belohnte.

Da kamen sie trachtenbunt,
die Basen, Gevattern und Paten,
um leiblich sich zu erbaun
und einmal gemächlich einzuhaun
in Berge von Kuchen und Braten.

Im Kretscham, Jungens, ist Tanz —
wer mag sich noch lange besinnen?
Vom Besten wird eingeschenkt,
und rund um die Säule geschwenkt
die schönste der Bäuerinnen!

Wie hoch schlugen die Wogen auch bei anderen Festen, bei Hochzeiten zumal, wenn in Oberschlesien der lange Zug von bänderflatternden Kaleschen, voran der Wagen der Musiker mit dicken Trompeten, mit Juchhe-Geschrei an den Zuschauern vorüberfuhr! Handtellergroße Streuselkuchenstückchen warfen die Brauteltern in die Menge hinein, und jeder war Hochzeitsgast, jeder nahm an der Freude des anderen teil.

Aber sie konnten so übermütig-gastlich nur sein, da ihren Festen die grüngoldenen Wellen des Wachstums auf schier unübersehbaren Feldern vorausgeblüht und -gereift waren, der Segen der weiten schlesischen Fruchtebene. Zwischen dem Zuge der Sudeten und dem Lauf der Oder zog sie sich hin, und die Getreidefelder wogten im Winde wie ein goldenes Meer. Dazwischen wie bunte Inseln die gepflegten Obst-, Gemüse- und Blumenkulturen...

Gerühmt wurden einmal die Liegnitzer »Goldfelder«, wie man das besonders fruchtbare Land im Herzen Niederschlesiens nannte. Seine Schwarzerdeschicht ließ es zur schlesischen Kornkammer werden, die so viel Brotgetreide hervorgebracht hatte, daß nicht allein Schlesien, sondern zum Beispiel auch noch ein Gebiet wie Ober- und Mittelfranken mit Brot hätte versorgt werden können. Liegnitz selbst war die Gemüsestadt des deutschen Ostens. Der Umsatz ihrer Haupterzeugnisse, Gurken und Sauerkraut, betrug im Jahr rund vier Millionen Reichsmark.

Kurgäste in Bad Warmbrunn

Schönwälder Bäuerin mit Kind

Unvergeßlicher schlesischer Herbst! Wenn über den Stoppelfeldern die Drachen stiegen, zum Jubel der Kinder. Manche von ihnen, erwachsen nun, gedenken wohl noch der herbstlichen Spiele und glauben, noch den Erdgeruch des Kartoffelfeldes einzuatmen, auf dem sie das trockene Kräutich entzündeten und in der Aschenglut die Kartoffeln brieten — wer sie damals gegessen, dem liegt ihr erdhaft-rauchig-knuspriger Geschmack noch auf der Zunge!

Mancher Sommer verglühte seitdem über den heimischen Stoppelfeldern, über abgeernteten Furchen und Sturzäckern, über Gärten mit Apfelbäumen, Spalieren mit Weintrauben und den Sonnenrosen, die sich wie leuchtende Räder über die Zäune neigten.

War es nicht erst gestern, da das Leben
noch zu schönsten Festen rief?
Sind sie nachts im Nebeldunst zerflossen?
Sieh, die Sonnenblumen, groß erschlossen,
neigen sich zur Erde tief.

Die Aalen eim Heu

SCHLESISCHE WEIHNACHT

Dennoch erinnert sich selbst der Geschmackssinn noch der Dinge, die es eben nur in der alten Heimat gegeben und die nur zu ganz bestimmten Gelegenheiten, manche nur einmal im Jahre, sich durch liebliche und bald das ganze Haus erfüllende Gerüche kund taten.
Schlesische Weihnacht! Sie war wie ein Spiegel des heimischen Wesens, das sich zu keinem Hochfest des Jahres so innig und himmlisch entrückt offenbarte wie zur Weihnachtszeit. Die schönsten Weihnachtslieder, Volksweisen oft, stammen aus Schlesien; oder jenes »Transeamus usque Bethlehem«, das Joseph Ignatz Schnabel geschaffen. Aber wie wurzelecht berührt dies mundartliche Lied, das ursprünglich, aber wohl kaum im Dialekt, aus dem Oppelner Lande kam:

O Freda über Freda!
Ihr Nuppern kommt und hiert,
woas mir doch uf der Heda
für 'n Wunder is possiert!

Es koam e weeßa Engel
bei hucher Mitternacht,
dar sung mir a Gesängel.
doaß mir doas Herze lacht.

A soate: »Freet euch olle,
der Heiland is gebor'n
zu Bethlehem eim Stolle,
dan hoat er sich erkor'n.

Die Krippe is sei Bette,
geht hin uf Bethlehem!«
Un wie er a su red'te,
do flug a wieder heem.

Hier spricht in aller Herzenseinfalt schon die volkstümliche Heiterkeit, die noch stärker in jener Genuß- und Pokulierfreude zum Ausdruck kommt, etwas gröblich »Fressante« genannt, die aber zum Fest gehörte wie zur Seele der Leib.
Natürlich: Roratemessen, Weihnachtslieder und Krippenspiele

Erntesegen

Erntewagen

gibt es anderswo auch. Aber Mohnklöße und Streuselkuchen, wie sie jede Bauersfrau in gewaltigen Mengen zubereitete und buk, gab es nur in Schlesien, vom Isergebirge bis zu den Beskiden. Und wie das »Schlesische Himmelreich« eine höchst irdische Speise darstellt, so schloß das Christfest alle weltlichen Freuden in sich ein, die Spezialitäten des Magens, die aber vielfach symbolische Bedeutung hatten. So war zum Beispiel der geflochtene Striezel ein Gleichnis für das in Windeln gewickelte Christkind, wobei die Formel Anwendung fand:

»Hier schenke ich, da Weihnacht ist,
dir unsern lieben heiligen Christ!«

Selbstredend durfte auch der traditionelle Weihnachtskarpfen nicht fehlen; und ebenso wenig das, was die Werkstatt des Pfefferküchlers bot und sich wie aus unerschöpflichem Füllhorn über die Gabentische verschüttete: Neisser Konfekt, Patschkauer Dohlen, Liegnitzer Bomben, Schweidnitzer Bissen, Jauersche Bienenkörbe aus Makronen und die wunderlichsten Figurenlebkuchen, an deren Formen und Zieraten sich eine kleine Kulturgeschichte ablesen ließ... Zur Weinachtsgans aber gehörte ein guter Tropfen, nachdem man schon am Hl. Abend ergiebig »den Wurm begossen« hatte, was zumeist nur Männersache war und mit Getränken geschah, die man »Rachenputzer« nannte oder, wie im oberschlesischen Industriegebiet, noch drastischer bezeichnete, wenn auch der Ausdruck »Pieron mit Dynamit« wegen der Weihe des Tages nicht gefallen sein mag. Bevorzugt wurden auch die Breslauer Korne wie der beliebte Hennig-Creme oder der Schirdewan, aber auch der Wünschelburger war nicht zu verachten, oder so aromatische Kräuterliköre wie Stonsdorfer und Enzian oder die »weiße Nelke« aus Pirscham bei Breslau; ganz zu schweigen von der köstlichen Kroatzbeere, die besonders den Frauen mundete.

Viele der Bräuche — nur um die weihnachtlichen zu streifen — sind natürlich deutsches Allgemeingut, doch haben sie sich in Schlesiens weiten Ebenen und einsamen Gebirgstälern naturgemäß reicher erhalten als in den größeren Städten oder Industriegebieten.

Zudem leidet der Schlesier — vielleicht heute noch — an gewissen »Gesichten«, einer Gabe, die ihn befähigt (und belastet), in den dunklen oder zwielichtigen Grund der Dinge zu schauen und auch noch die alten Sagen und Mythen in immer neuen Verwandlungen lebendig zu erhalten. So glaubte man das Christkind selbst durch die Täler und Dörfer wandeln zu sehen als ir-

Ährenlesen

render Bettelknabe, oder eine alte Frau, die niemand anders war als Frau Holle, die sich nach dem Betragen der Mädchen erkundigte oder in den heiligen Zwölf Nächten den faulen Mägden den Flachs verwirrte.
Und in den Rauhnächten — so ging es geheimnisvoll von Mund zu Mund — schreiten noch die alten Götter über die Erde, wecken Wurzeln und Keime zu neuem Leben, und in ihrem Gefolge wallen im Nebel die Toten. Das »Wilde Heer« zieht durch die Lüfte, brüllend und tosend — und darum läßt keine schlesische Hausfrau in den Zwölf Nächten Wäsche an der Leine hängen. Der Weihnachtstisch bleibt gedeckt bis Mitternacht, oder es werden in besonderen Schüsseln Speisen für die wandernden Seelen bereitgehalten. Und die Reste des Weihnachtsessens stellt die Hausfrau als Opfergabe unter die Obstäume. Kein Bittender darf Weihnachten von der Tür gewiesen werden.
Und nicht zu vergessen die Tiere. Man mischt ihnen Salz und Brot, Wacholder und Ebereschenbeeren in das Futter. Und der Bauer flüstert den Rossen ins Ohr, daß der Heiland geboren sei, und er gibt ihnen von den frischen Striezeln zu kosten und dazu einen zärtlichen Klaps aufs Hinterteil. Und so geht er von Stall zu Stall, und seltsam ist sein Tun und Gebaren. Doch das Seltsamste ist: Die Tiere reden in der Heiligen Nacht — — Wundergläubig begnadete schlesische Seele!

Herbstfreuden

Vor der Kirmes

Auf dem Berge, da geht der Wind,
da wiegt die Maria ihr Kind,
sie wiegt es mit ihrer schneeweißen Hand,
sie braucht dazu kein Wiegenband.

Maria, Maria, hör' unser Fleh'n
und laß uns dein Kindlein von weitem seh'n
So kommt nur und helft mir mein Kindlein wiegen,
für euch ist es nieder zur Erde gestiegen!
(Aus dem oberschlesischen Volkslied)

RÜBEZAHLS BERGE

Im »Wilden Heer« des Volksglaubens, Rest noch heidnischen Mythus', zieht auch Rübezahl, der Wolkenwanderer, der im Sturmwind der Zwölf Nächte dahinbraust.
Rübezahl und Riesengebirge gehören zusammen. Aus beidem

Kirmes

erwuchs der Mensch, aus beidem sind seine Wesenszüge zu einem eigenen Charakter verschmolzen. In dieser wandelbaren und doch urweltlich geprägten Welt erwuchs jenes heitere, kräftige schlesische Bergvolk mit dem Sonnenschein des Frohsinns, aber auch mit der Innenschau seines »zweiten Gesichts« in der Seele. Hier hörten wir den Flüsterton unsichtbarer Geister. Hier wußte die vielfältig abgewandelte Sage von einem trutzigen, allbeherrschenden Bergriesen, eben Rübezahl, dessen Name allein jeden Schlesier mit jählings wachgewordener, ältester Erinnerung erfüllt. Ja, schon sein Name besitzt den Zauber der Verwandlung, und die Gegegenwart schwindet vor der Zeitlosigkeit seiner Erscheinung und seiner Sagenwelt. Da wachsen Berge aus der Ferne und stehen plötzlich nahe vor Augen, firnenhoch, wolkenumwittert, und wer sie betrachtet, den zieht es auch schon hinan als Wanderer, als Bezauberter.
Aber er möge sich hüten! Denn ist es nicht, als höre er schon hinter dem nächsten verschwiegenen Felsspalt des Berggeistes heimlich-schadenfrohes Panslachen? Oder als käme ihm einer entgegen, als harmloser Holzfäller vielleicht, oder als Wilderer mit schiefem Blick, der, wenn er dich trifft, dich wie verhext in die Irre führt? Oder ist er kein kleinlicher Hexenmeister, sondern der große und großzügige Verwandlungskünstler, eine Mischung von Doktor Faust, Till Eulenspiegel, Münchhausen und Rattenfänger von Hameln?

Im Urbild war er der Nachtjäger, der unbeschränkte Herrscher der »Wandalischen Berge«, wie der griechische Geschichtsschreiber Cassius Dio (um 150 bis 230 nach Chr.) das Riesengebirge nennt. Hier, wo die sturmumbrausten Bergtannen über Schluchten und Schründe ragen und den Psalm der Schöpfung singen: hier ist des schatzbehütenden Bergherrn ureigenes Gebiet, der im Felsendome weilt und den Schlüssel besitzt zu goldenen Märchentoren...
Immerhin ist der König der Berge nicht großmütig genug, um etwa Spott oder sonstigen herausfordernden Fürwitz hinnehmen zu können.

»Im Jahr 1660 ritten einige Soldaten über das Gebürge. Weil sie nun viel von des Rübezahl Umtrieb erzählen gehöret, wie die, so ihn beschimpft, wären abgewürgt worden, konnten sie gleichwohl ihre Possen nicht lassen, meineten, es wäre an der Sache wenig oder gar nichts. Sobald sie ein gut Teil des Gebürges hinüber mit schönem klaren Wetter zurückgelegt hatten, vermeinten sie, gewonnen zu haben, da es nunmehro bergab gehe, fingen drauf an, dem Rübezahl zu spotten, und schrien: ›Komm hervor, Rübezahl, du Eisenfresser! Laß deine schönen Künste auf dei-

Tanz um die Saule

nem Gebürge sehen, du Lumpenhund, du Schweinehirt! So du vermagst, tue uns was, hast du Kurage!‹
So unvergleichlich angenehmes Wetter es gewesen, soll sich doch in geschwinder Eil ein groß Ungestüm über sie erhoben haben, mit Platzregen vermenget, daß diese vermessenen Landsknechte kaum mit dem Leben davon gekommen sind, indem es so stark mit Wassergüssen auf sie losgebrauset hat, daß auch die Pferde bis unter die Bäuche im Morast und Wasser zu gehen kamen und hindurchschwimmen mußten, etliche mitsamt den Pferden stürzten, und kamen mit Kummer und Not wieder zusammen. Diese Schnarcher mußten erfahren, daß noch kein Rübezahlspöttler ungestraft entronnen: wie man denn solche Bestrafung unzählbar von denen nahe am Gebürge wohnenden Leuten gehöret, daß sie für dergleichen Verhöhnung fast allemal vom Ungewitter sein nachdrücklich geplaget worden.«

(Johannes Prätorius, 1630 — 1680)

Doch was alles mehr wurde Rübezahl anfabuliert! Keinem Dichter ist soviel Phantasie gegeben, wie sie das Volk um seinen Berggeist versponnen. Da soll es auch eines Tages geschehen sein, daß er sich in einen Fisch verwandelt und im Großen Teich droben im Schatten der Schneekoppe munter umhergeschwommen, als ein Bäuerlein ihn eingefangen und mit zu Tale genom-

Pflügender Landmann

Feldarbeit

men. Unterwegs aber passierte dem unachtsamen Landmann das Malheur, daß ihm der Fisch entglitt und in den Bober entwischen konnte und so über Hirschberg, Löwenberg und weiter über Bunzlau, Sprottau und Sagan der Oder zuschwamm...
Seitdem soll noch heute Rübezahl — was kaum jemand weiß — auch in der Oder sein koboldisches Wesen treiben und manchen Schiffer gefoppt haben, doch nie mehr gefangen worden sein. Zumeist aber stellte man sich ihn vor als riesigen verwilderten Kerl, als einäugigen Grimmbart mit Schlapphut oder als Waldschrat und als Kobold, der gern die Leute neckt. Dieser Wesenszug scheint bei ihm besonders ausgebildet zu sein und entsprach auch ganz der humorvollen Art des Schlesiers, der ja mit Vorliebe zu launigen Späßen neigt. Da wurden die tollsten Ulkstreiche erzählt. Bald erscheint er, und dies immer wieder, als »starker Mann«, als handfester Trinker, als Zauberer, dem es ein Leichtes war, sich selbst ein Bein auszureißen und damit Holz zu zerspalten, Pferde in Strohwische zu verwandeln und dergleichen Kunststücke mehr. Als Zwergkönig aber beschenkte er die armen Leute mit unscheinbarem Laub, das sie dann als pures Gold aus der Tasche zogen.
Natürlich war im Riesengebirge des Mittelalters, der Goldgrä-

berzeit, aus dem Berggeist (über Tag) auch ein Bergwerksgeist (unter Tage) geworden; und so neckt und narrt er als Berggeist auch in den oberschlesischen Kohlengruben, hier »Skarbnik« genannt, den ohnehin schon geplagten Kumpel... In einer Tiroler Chronik aus dem 17. Jahrhundert heißt es, daß Rübezahl aus dem Harze stamme und von da nach Schlesien eingewandert sei — eine interessante Version, nach der er sozusagen als Spätsiedler, vielleicht mit den Bergleuten des Harzes, nach Osten gezogen war...

Es war das psychologische Erlebnis der Bergleute überhaupt. Ihn kannten die Schweizer und Tiroler ebenso wie die Böhmen und Ungarn. In den Silberbergwerken von Trient ist seit dem 10. Jahrhundert die deutsche Bergmannssage entstanden und hat sich allmählich über ganz Deutschland verbreitet. So erschien er auch als Bergmann verkleidet, mit der Kapuze auf dem Kopf, die ihn zum »Mönch« machte und zum schatzbehütenden Gebieter der Unterwelt. Man wandelte seinen Namen verwelschend in »Ronzevall«, und manche sahen in ihm den Geist eines venezianischen Goldhändlers, eines verwünschten Liegnitzer Schusters oder eines Alchimie treibenden Warmbrunner Zisterziensermönches...

Mag Rübezahl nun fast als Germanengott gegolten haben oder, in zunehmender Abwertung, ein internationaler Allerweltskerl, oder schon eine Reklamefigur für Touristen gewesen sein: Nirgendwo in der Welt umrankte ihn der Volksglaube poesievoller, nirgends so üppig-urtümlich und in den vielfältigsten Schattierungen wie gerade in Schlesien. Seine Gestalt spiegelt sich in der schlesischen Seele so wesenhaft, daß man sie mit ihr identifizieren muß: Rübezahl ist ihr Geschöpf, Rübezahl ist die schlesische Seele selbst.

Militscher Karpfenernte

RÜBEZAHL

Wolken wälzt er auf den Koppenhang
und trübt ein die strenge Gipfelluft.
Plötzlich fährt er auf im Sturmgesang,
und sein Haar weht über Kamm und Kluft.
Wandelbar ist er wie sein Gesicht.
Rufe seinen dunklen Namen nicht.
Wälder rauschen ihn hinab zu Tal
Rübezahl, Rübezahl!

Seine rote Hahnenfeder weht
auf dem grünen Jägerhut im Wind.
Graues Männchen, das am Wege steht,
ist ihm Jagdgehilfe und Gesind.
Manchen Wurzelkrämer, den er haßt,
hat er jäh am Großen Teich gefaßt,
und ein Mund verstummte leichenfahl:
Rübezahl, Rübezahl!

Vieler Schelmenstückchen Narretei
sinnt er in der Bergesstille aus.
Kindern und Verirrten steht er bei
und geleitet sie beschenkt nach Haus.
Steht er mit der dunklen Macht im Bund?
Sonderbares geht von Mund zu Mund,
und ein Wanderer kommt spät ins Tal:
Rübezahl, Rübezahl!

Treibjagd

Alter Zauberer, »Herr Ronzivall«,
Schatzbehüter, stiller Mönch in Grau,
ferner Sage Klang und Widerhall
blitzt bei seinem Namen auf wie Tau.
Manch Jahrhundert wandert er und ruht
zwischen Enzian und Eisenhut,
und er schaut des Menschen Glück und Qual
Rübezahl, Rübezahl!
Wird er aber einmal nicht mehr sein,
dann ist auch die Menschenseele tot.
Und der Berg gleicht einem Leichenstein,
eingehüllt vom letzten Abendrot.
Kriege breiten sich wie Brände aus —
einer treibt das Volk zum Land hinaus,
und nur Sage bleibt, es war einmal
Rübezahl, Rübezahl!

WAS BLEIBT

Manchmal aber ist es, als nähme der Geist der Berge die Gestalt auch jener Menschen an, die sein Wesen im Bilde festzuhalten suchen und darüber selbst seine Züge annehmen: Maler oder Dichter, die ja in seinem Bereich so zahlreich daheim gewesen. Carl Hauptmann schrieb ein Rübezahl-Buch, und er selbst glich fast dem Berggeist, wenn auch in einer gleichsam veredelten Art. Er war »Einhart, der Lächler«, jene absonderliche Malergestalt, die vielgesichtig und wie verwunschen im Alltag steht. Aber der Größere, Gerhart Hauptmann, der Bruder, entrang sich von Werk zu Werk dem unerlöst irrlichternden Zwischenreich der Dämonen, dem ruhelosen Erdgeist... Er stellt sich ihm in seiner Dramengestalt, dem alten Wann in »Pippa«, dem Weisen, der auf hohem Bergkamm, inmitten des Schneesturms, schon zwischen Gott und Menschens steht: wie Rübezahl! In ihm, Gerhart Hauptmann, erreichte seit Opitz der schlesische Geist noch einmal seine höchste Potenz. Sein Werk wird lange der einsame Gipfelpunkt bleiben.

Geist aber ist Triumph über alle Erdschwere, über Zeit und Vergänglichkeit. Er kann nicht sterben. Weder der sonnenhaft strahlende, der einst Schlesien zu einer Landschaft hoher Kunst und Kultur erhob, noch der zwielichtige, tief aus der Seele des Volkes gestiegene, der sagenhaft Schlesiens Berge umwitterte und mit der Zauberformel »Rübezahl« von Mund zu Mund,

Knecht Ruprecht

vom Ahn zum Enkel sich vererbte und in jedem Schlesier fortlebt, fortwest in immer neuer Verwandlung.

»Es ist einer wie der andere. Ihre Augen sehen nicht in einer Richtung, sondern schauen gleichsam, ohne zu schielen, gegeneinander. Sie stehen immer auf zwei Polen, haben Rechts und Links in jeder Hand, sind aus Vielgestaltigkeit manchmal unsicher und nicht stets aktiv und verlieren sich nicht selten nach anfänglichem Kargtun gutmütig an jeden, der ein halbwegs ehrliches Schild trägt — allerdings, um sich unbemerkt und geräuschlos wieder zurückzunehmen, bereichert um die Nuance des Wesens, mit dem sie sich vorübergehend verschwisterten.«

Diese noch weiter variierte Betrachtung des schlesischen Menschen von Hermann Stehr konnte nur angesichts der Landschaft so treffend formuliert werden. In ihr und durch sie war der schlesische Mensch erst er selber und überhaupt zu verstehen. Denn — so fährt der Dichter fort —: »Was die Landschaft singt, das grub sich in das Wesen der Schlesier. Sie sind unverwechselbar wie ihre Berge, ihre Ebenen, ihr Himmel, ihre Flüsse und Seen, die ihr Blut kelterten und ihren Geist formten. Sie sind durch eine richtungslos-aufregende Geschichte getrieben worden, die ihnen nie ein geschlossenes Staatsgefühl, sondern nur ein Heimatgefühl möglich machte.«

Christbaummarkt

Weihnachtskarpfen

Der Dichter sah sie alle und den geschichtlichen Hintergrund, von dem sie sich plastisch abheben, so daß man sie leibhaftig zu sehen meint: »In manchen Gegenden der Flußniederungen treten einem schwere, massige Menschen entgegen, wortkarg, in einer gütig-plumpen Überlegenheit. In anderen Landstrichen wieder glaubt man in den Schlesiern keine Schlesier, sondern Vlamen zu sehen, und selbst ihre Sprache hat noch manches von dem Klang und Rhythmus ihrer holländischen Heimat. Aus meiner Jugend weiß ich noch, daß man einen schweigsamen, schwer durchschaubaren Menschen ein ›vläm'sches Luder‹ nannte.
Der Schlesier legt sich schlafen wie ein Vlame, springt wie ein draufgängerischer Franke in den Tag, arbeitet hart und verliert sich, von einem Sachsen an der Linken, von einem verträumten Thüringer an der Rechten geführt, durch den Abend in die Nacht. Der schlesische Mensch gleicht einer Brücke zu einem Wesen, nach dem er sich sehnt, wie das schlesische Land im europäischen Raum die Brücke vom Süden zum Norden, vom Westen zum Osten darstellt.«
Diese innere Problematik des Schlesiers läßt sich wohl kaum besser kennzeichnen, ebenso wie die Charakterisierung des schlesischen Menschen nicht treffender als in den Sätzen des

oberschlesischen Theologen und religiösen Schriftstellers Josef Kühnel formuliert werden kann:
»Wir Schlesier sind doch noch Kinder. Das >Schüchternsein< ist unser Vorzug. Das schützt uns, weltfähig zu werden. Wir werden uns entscheiden müssen, entweder unsere kindliche Einfalt und Wahrhaftigkeit für das Linsenmus der Gewandtheit herzugeben oder unser Volksgut, unsere Echtheit zu behaupten und unsere Schüchternheit durch eine starke, wie gottgefüllte Innerlichkeit zu überwinden; wie durch ein heiliges Müssen, ein >Nicht-anders-Können<. Nur durch ganz starke Innerlichkeit, durch Beten aus tiefster Seele, durch den Jakobskampf: >Ich lasse dich nicht, du mußt mich segnen!< erfüllt der Schlesier seine Kulturmission, zu der er mir mehr als fast jeder andere Volksstamm berufen scheint. Darum mehr berufen, weil er bis tief hinein in seine Seele gespalten ist durch sein weiches Gemüt. Darum kann und soll er der Menschheitsmensch werden. Das kann nur der Gemütstiefe, der Belastete, der mit der Aufgabe Beschwerte: Himmel und Erde in seiner Seele zu versöhnen und vereinen. Nur der Belastete fühlt diese Aufgabe, die weder der Verstandesmensch noch der Willensmensch sieht, als Aufgabe sieht. Der Gemütsmensch erlebte das >Wehe<, das über dem Versagenden hängt. Aber nur wenn der Gemütsmensch auch Eisen im Blut hat, wenn er zugleich Verstandes- und Willensanlagen besitzt, wird er nicht erdrückt, wird er nicht Skrupulant und nicht erbittert, wird er monumental gestaltend und monumental schöpferisch. Und das kann und soll der Schlesier. Das ist seine gottgegebene Aufgabe und Gnade.«

Zusammenfassend sind die Beurteilungen Schlesiens und seiner Menschen seit je voll des Lobes gewesen. Und vereinzelten Fehlurteilen ließen sich stolze Worte über dies Land noch aus anderem berufenen Munde entgegenstellen und beliebig vermehren, wie etwa der Ausspruch Friedrichs des Großen, der Schlesien als die »Krone Preußens« bezeichnete. Oder es wäre das liebenswürdige Wort Wilhelm von Humboldts wiederzugeben, der den Rosengarten auf dem Bober-Katzbach-Gebirge mit seinem östlichen Blick in die schlesische Ebene und dem westlichen auf das Riesengebirge zu den sieben schönsten Punkten der Erde gezählt. Es ließe sich auch ein Süddeutscher zitieren, der Vater der Dichterin Isolde Kurz, Hermann Kurz, der selbst ein namhafter Autor gewesen und der Schlesien die »poetische Schatzkammer Preußens« genannt hat. Sie alle und viele andere haben sich mit Schlesien befaßt und sich um sein Wesen bemüht, und doch muß alles Bemühen, so wie auch diese Betrachtung, unzulänglich bleiben. Man kann Schlesien schildern und auch dichterisch darstellen; man kann seine Vorzeit beschwören und Werden und Wandel des Landes wissenschaftlich ergründen; man kann es kommentieren und dokumentieren und es in Wort und Bild bis in die hohen Bereiche der Kunst erheben. Aber erschöpfen kann man es nicht. Man kann es nicht völlig erfassen und gültig wiedergeben. Dazu ist sein Reichtum zu groß, sein Wesen zu tief und sein geschichtliches Schicksal zu wechselvoll und tragisch bewegt — ganz zu schweigen von seinem letzten Inferno, das selbst nach Jahrzehnten den großen Dichter nicht findet, es zu gestalten. Doch im Ausschnitt und in der Unzulänglichkeit jeder Betrachtung spiegelt sich gleichwohl Schlesiens Bild. Und selbst in der Strophe eines Liedes kann es uns mütterlich zulächeln.

Heiliger Abend

BILDERVERZEICHNIS

BILDNACHWEIS

Bundesbildstelle: 124; Csallner: 79, 99, 154, 169, 177, 186, 188, 205, 225, 226, 237, 238, 261; Deutsche Fotothek: 52, 53, 137; E. Fischer: 262; Geisler: 62; Gewande: 136; Hans Brodt: 64; Herder: 55, 57, 61, 65–70, 73, 77, 78, 80, 81, 84, 87, 90, 91, 94, 96–98, 100, 101, 104–107, 109, 111–123, 125–127, 130, 140–150, 152, 156, 162, 163, 203, 207–210, 213, 214, 216, 219, 222, 223, 227–229, 231, 233, 234, 240, 242, 243, 245–247, 249, 251, 252, 255, 256; John: 51, 56, 200; Karl Franz Klose: 76; Löhrich: 50, 59, 60, 71, 86, 167, 174, 176, 178–180, 197, 198, 215, 221, 253, 257–260; Mitteldeutscher Kulturrat: 72, 189; Plan und Karte: 49, 128, 165, 192, 248; Poklekowski: 85, 103, 196; Saebens: 108, 132, 254; Schmidt-Glassner: 134; Schöning: 54, 58, 75, 83, 89, 93, 102, 161, 168, 171, 172, 191, 193–195, 199, 206, 211, 212, 217, 235, 236, 239, 241, 244, 263; Stecher: 63, 74, 82, 92, 95, 110, 129, 131, 135, 138, 153, 159, 164, 166, 173, 175, 181–185, 187, 190, 201, 202, 204, 218, 224, 232, 264; Thielscher: 250; Verlag: 220; Wolff & Tritschler: 88, 133, 139, 155, 157, 158, 160, 170, 230; ZiK: 151.

ZEICHNUNGEN

Kurt Arendt: 5, 6 li, 6 re, 7 li, 8 li, 8 re, 9 li, 9 re, 10 li, 10 re, 11 li, 13 re, 14 li, 15 li, 15 re, 16 li, 16 re, 18, 20 li, 20 re, 21 li, 21 re, 22 li, 22 re, 27, 28 li, 28 re, 29 re, 30 li, 30 re, 31 li, 32 re, 34, 35 li, 35 re, 38 li, 39 li, 39 re, 41 re, 43 li, 43 re, 44 li, 44 re, 45; E. Fuchs: 33 li; Kurt Glauberg: 29 li; E.J. Gottschlich: 36 re; Hirschel: 42; Willibald Krain: 24 li; Georg Lebrecht: 25 li, 26, 32 li, 37 li, 38 re; Richard Neugebauer: 41 li; H. Schrader: 11 re; Spaethe: 12, 14 re, 23 li, 25 re; St.: 13 li; Martin Sternagel: 40 li; B. Zimmermann: 19; Bruno Zwiener: 37 re.

49 Ein Teil der traditionsreichen GÖRLITZER Altstadt mit bekannten Bauwerken, wie die alles überragende Kirche St. Peter und Paul, deren Bau um 1225 begonnen und 1497 in ihrer spätgotischen Form vollendet wurde, und den alleinstehenden Nikolaiturm zeigt unser Luftbild. Links davon haben sich Reste der alten Befestigungsanlage mit dichtem Baumbestand erhalten. Dicht an dicht stehen drei- bis vierstöckige Häuser nebeneinander, als müßte eines sich an das andere anlehnen. Sie haben Jahrhunderte eines wechselhaften Schicksals hinter sich. Heute ist Görlitz eine deutsch-polnische Grenzstadt.

50 Das von deutschen Kaufleuten und Handwerkern um 1200 gegründete Görlitz liegt an beiden Seiten der schicksalhaften Lausitzer NEISSE – hier im Bild –, die die Stadt durchschneidet, und gehörte seit 1346 zu dem von Karl IV. ins Leben gerufenen „Sechsstädtebund". Am Übergang der „Hohen Straße" gelegen, gelangte es beizeiten zu Machtfülle und Reichtum. Die Stadt gilt als die eigentliche Renaissancestadt Schlesiens. Ihre Rathaustreppe gehört zu den schönsten Zeugnissen dieser Bauepoche in Deutschland: auf der freistehenden Säule erhebt sich hoch aufgerichtet Justitia. Bemerkenswert ist auch der Balkon.

51 Zu den zahlreichen bedeutenden Baudenkmälern der Stadt Görlitz gehört hier am Demianiplatz der KAISERTRUTZ, ein auf drei Seiten vom Stadtgraben umgebenes Fort, welches das Vorfeld des dahinter abgebildeten Reichenbacher Tores aus fünf Geschützen bestreichen konnte. Seine Umfassungsmauer ist auf der Außenseite verstärkt. Ein Renaissanceturm in Hof überragt die Außenanlagen. Als im 19. Jh. die Mauern neuen Straßen weichen mußten, ließ Friedrich Wilhelm IV. dem Kaisertrutz ein weiteres Geschoß aufsetzen. Der Reichenbacher Torturm war ursprünglich zinnenbewehrt; im 16. Jh. erhielt er eine Haube.

52 Hans Olmützer hat 1492 in der Dreifaltigkeits- oder Oberkirche in Görlitz die GRABLEGUNGSGRUPPE geschaffen, die den Betrachter zutiefst beeindruckt. Die ehemalige Franziskanerkirche am späteren Obermarkt geht mit ihrem Chor auf das Jahr 1381 zurück. Ihr Langhaus entstand von 1450 bis 1508. Seit der Restaurierung (1713—1715) ist sie evangelisch. Den barocken Prunkaltar schuf 1713 Caspar Georg von Rodewitz. Im Baldachin des Chorgestühls ist die Franziskaner-Chronik niedergeschrieben. Den spätgotischen Schnitzaltar „Goldene Maria“, ebenfalls Olmützers Werk, zeichnet edle Schönheit aus.

53 Auf dem alten Nikolai-Friedhof in Görlitz ruht JAKOB BÖHME, 1575 in Alt Seidenberg geboren, 1624 in Görlitz verstorben. 1599 erwarb er das Görlitzer Bürgerrecht und kaufte eine „Schuhbank“, um seinem erlernten Handwerk nachzugehen. Durch ein Schauerlebnis angesichts eines Zinnkruges kam es zu einer für ihn bedeutsamen Erleuchtung. Er begann über die Uranfänge allen Seins nachzusinnen. Ihn beschäftigte die Frage nach der Herkunft des Bösen in der guten Schöpfung Gottes, nach dem Zusammenziehen von Gut und Böse in allem Gestalteten von Gott dem Schöpfer bis zu Mensch und Tier. In Aufzeichnungen, die niemals zur Veröffentlichung bestimmt waren, legte er seine Erkenntnisse nieder. Durch Sendschreiben an Freunde und Verehrer gelangten Abschriften des Werkes „Aurora“ oder „Die Morgenröte im Aufgang“ an die Öffentlichkeit; das brachte ihm die Beschimpfung als Ketzer durch den Oberpfarrer Richter ein. Bedeutende Philosophen wie Leibnitz, Hegel, Schopenhauer griffen seine Erkenntnisse auf. Zu Recht nannte man ihn „Philosophus teutonicus“, den ersten Schlesier von Weltgeltung.

54 Das heutige Rathaus auf dem Markt von HOYERSWERDA, einer erstmals im Jahre 1268 genannten Stadt an der Schwarzen Elster, um 1680 errichtet und 1930 erweitert, hatte einen Vorgänger. Seit 1371 fand ein Wochenmarkt statt, seit 1437 einmal in der Woche ein Salzmarkt. Die Stadt war Handelsort für Getreide, Wolle und Vieh sowie Durchgangsort für kaufmännische Waren aus Cottbus von der See her nach Sachsen hinein. Dazu kamen Leineweberei und Schuhmacherei. Im Jahre 1850 gingen hier 94 Schuhmachermeister ihrem Gewerbe nach. Braunkohlenbergbau beherrscht das Wirtschaftsleben.

55 In der Ortschaft SEE im Kreis Rothenburg in der Oberlausitz ist auf einem Epitaph an der evangelischen Kirche der im Jahre 1589 verstorbene Christoph von Gersdorff in der damals sehr häufigen Stellung, inbrünstig betend, abgebildet. Sein Haar und die Barttracht erscheinen fast neuzeitlich. Die Rippe in der Mittellinie der unten ausgebauchten Panzerbrust gibt ihr die Form des seit 1570 beliebten „Gansbauchs“. Er trägt einen durch Ätzung reich verzierten Panzer, unter dem ein wehrhaftes Kettenhemd zu erkennen ist. Die Profilstellung gibt Gelegenheit, die Verbindung der Beintaschen durch Schnallenriemen zu beobachten. An der Linken ist er mit dem Schwert bewehrt, vor sich hat er seinen Helm liegen. Das steht in einem gewissen Gegensatz zur Bescheidenheit, mit der er zum Gekreuzigten aufblickt. Wappen schmücken die Pilaster an den Seiten der Nische, in der er kniet. Totenköpfe auf dem Sockel gemahnen an die Vergänglichkeit alles Lebenden. Auf anderen Epitaphien wurde mitunter auf die Bewaffnung verzichtet. Dluhomil von Birawi in Birawa trägt nur noch die Panzerbrust und im übrigen bürgerliche Tracht.

56 In Muskau errichtete eine der ältesten Lehnsherrschaften der Lausitz zunächst eine Wasserburg, die später ein Herr von Bieberstein durch ein kleines Schloß ersetzte. Wann man das große Schloß erbaut hat, ist unbekannt. Die Herrschaft gehörte seit 1558 den Schönaich. 1586 ist das Schloß abgebrannt; Wilhelm zu Dohna ließ es neu errichten. Durch Heirat ging es 1789 in den Besitz der Fürsten Pückler über; 1883 erwarb es Hermann von Arnim. Hermann Fürst Pückler ließ in dem 4000 Morgen umfassenden, zu beiden Seiten der Neiße gelegenen Park die bedeutendste Parkanlage des 19. Jh. anlegen. Anregungen zur gärtnerischen Ausgestaltung mögen ihm englische Adelssitze gegeben haben. Die hier abgebildete HERMANNSEICHE ist eine unter den vielen Sehenswürdigkeiten dieser Anlage. Das verschuldete Schloß mußte der Fürst 1845 verkaufen; es ging an die Grafen Hatzfeld und Nostitz über. Pückler übersiedelte auf sein Stammgut Branitz bei Cottbus. Schloß Muskau brannte bei Kriegsende völlig aus; der Park im polnisch verwalteten Teil wurde verwüstet und abgeholzt.

57 Recht unterschiedlich gestaltete Logen in der Nähe des Altarraumes sind in der evangelischen Kirche in EBERSBACH bei Görlitz, zu finden. Die unteren wirken eher schlicht und könnten wohlhabenden Kaufmanns- und Handwerkerfamilien gehören, die sich durch Zuwendungen für den Kirchenbau und seine Instandhaltung dieses Privileg eines eigenen Sitzplatzes während der Gottesdienste sicherten. Die anspruchsvoll mit Emblemen verzierte Loge darüber ist unverkennbar jene der ortsansässigen Standesherrschaft. An deren Ausstattung wurde nicht gespart, so bei den vergoldeten Holzornamenten und dem bleiverglasten Oberteil. Der kostbare Kronleuchter und der mit Plastiken verzierte Taufstein weisen auf eine gewiß nicht arme Kirchengemeinde hin. Hier befindet sich ein eindrucksvolles Epitaph der Katharina Rederin, Witwe des Kaiserlichen Rates Benno von Salza, die 1586 starb, und ein weiteres von Hiob von Salza aus dem Jahre 1619; als literarisch Gebildeter hält er ein Buch in den Händen. Die ritterliche Kleidung hat er mit der bürgerlichen vertauscht.

58 Im Vorland des Isergebirges, am linken Ufer des Queis, wurde zwischen 1220 und 1230 LAUBAN mit deutschem Recht gegründet. Aus der seit dem 16. Jh. bestehenden Tuchmacherei und Leineweberei hatte sich im 19. Jh. die Herstellung von Taschentüchern — 400 000 täglich — entwickelt; zu Recht hieß es: „Lauban putzt der Welt die Nase". Es entstanden Kartonagefabriken. Der Krämerturm gehörte zum älteren, im 16. Jh. abgerissenen Rathaus in der Marktmitte; an der Südseite des Ringes errichtete man um 1540 ein neues. Die neue katholische Kirche Zur Heiligen Dreifaltigkeit von 1857 geht auf 1320 zurück.

59 Eine der drei mittelalterlichen Burgen des oberlausitzschen Queiskreises ist die BURG TZSCHOCHA bei Marklissa. Sie dürfte von böhmischer Seite zum Schutz der Oberlausitz gegenüber Schlesien nach der Festlegung der Queisgrenze um 1241 angelegt worden sein. Darauf weist auch ihre Unzugänglichkeit von der schlesischen Seite her hin. Die Burg wird erstmals 1329 als „Caychow“ erwähnt. Besitzer waren seit dem letzten Viertel des 14. Jh. die Familie Dohna, danach Heinrich Renker, die von Klüx, die von Nostitz von 1451—1703 und von da an bis 1910 die von Uechtritz. Die Herrschaft umfaßte einen breiten Landstreifen südlich des Queis zwischen Greiffenberg und Marklissa. In der zweiten Hälfte des 17. Jh. flüchteten viele böhmische und schlesische Exulanten in diesen Raum. Mit ihnen gründete Christoph von Nostitz von 1607 bis 1691 das Städtchen Goldentraum und andere Ansiedlungen wie Rengersdorf, Hartha, Wiesa. Die Burg hat wie kaum eine andere die Zeiten gut überstanden, so die Besetzung durch die Hussiten 1433 und die der Schweden 1643. Nach 1910 behob der Burgenbauer Ebhardt Stilwidrigkeiten.

60 Die Talsperre von GOLDENTRAUM ist die zweite im wilden Queislauf nach Marklissa: Fassungsvermögen 10,5 Mio. cbm, Sperrmauerhöhe 36 m, Staulänge 8,2 km, erbaut zwischen 1921 und 1924. Der Ort, durch die Talsperre bekannt, ist 1662 als „Neustädtel“ gegründet worden und erhielt mit der Verleihung der Rechte einer freien Bergstadt 1677 den jetzigen Namen. Seine Bewohner sind größtenteils Nachkommen evangelischer Glaubensflüchtlinge aus Böhmen und der Lausitz. An die Stelle des Bergbaus trat im 17. Jh. die Tuch- und Leineweberei. 1855 entstand hier die erste deutsche Kammgarnspinnerei.

61 Der Umgebindebau ist das Kennzeichen des schlesischen Bauernhauses entlang dem Iser- und Riesengebirge mit seinem Vorland und der Grafschaft Glatz. In WÜNSCHENDORF begrüßt uns ein außerordentlich schön gegliedertes Fachwerkhaus. Vor der Wand des Erdgeschosses stehende Holzsäulen mit Verstrebungen tragen das Fachwerk. Der holzverschalte Giebel mit weißgetönten Fugen und der gepflegte Zustand des Hauses mit seinem Jägerzaun lassen darauf schließen, wie sehr es seinen Bewohnern darum ging, es für spätere Generationen zu erhalten. Die „Scholtisei" gehörte wohl einem Dorfschulzen, dem Schultheiß. Wie andere Höfe war sie erblich; daher auch Erbscholtisei genannt. Der in Schlesien häufig vertretene Name „Scholz" geht auf den Anfang der Besiedlung vor allem durch die aus Franken, Thüringen und Obersachsen stammenden Deutschen zurück. Man kann ihn als den Lokator und Werber ansehen, der den Treck der Kolonisten auf ihrem Weg über die „Hohe Straße" anführte und bei der Dorfgründung die Flureinteilung vorgenommen hat. Viele Ortsnamen erinnern an den Dorfgründer.

62 Das Isergebirge ist ein stilles und einsames Waldgebirge. Es gewährt nicht überall Ausblick. Auf seinem höchsten Gipfel, der Tafelfichte (1123 m), ermöglicht erst ein Aussichtsgerüst den freien Blick über die umstehenden Tannen in die Umgebung. Die Höhen dieses Gebirges sind das am wenigsten zerklüftete Bergland der Sudeten. In die muldenartigen Senken des Plateaus sind Hochmoore und dunkle Moorseen eingebettet. Die schwermütige Einsamkeit übt auf den Wanderer einen besonderen Reiz aus. Die HEUFUDERBAUDE auf dem Hohen Iserkamm (1107 m) lädt im Winter Skifahrer zu kurzer Rast ein.

63 Das Rathaus in LÖWENBERG, erstmals um 1356 erwähnt und gegen Ende 15. Jh./Anfang 16. Jh. in der heutigen Form wohl durch den großen schlesischen Baumeister Wendel Roßkopf errichtet, gilt als das zweitschönste Schlesiens. 1905 bis 1908 hat es der namhafte Architekt Hans Poelzig erneuert; er war sehr bemüht, den Renaissancegiebel und die gotisch gehaltenen Innenräume stilgerecht zu erhalten. Dort befindet sich eine beachtenswerte und sagenumwobene gotische Grabplatte eines ritterlichen Paares aus der Franziskanerkirche. Herzog Heinrich I. setzte den am Rande des Bober-Katzbach-Gebirges und am linken Boberufer gelegenen Ort als eine der ersten deutschen Rodungssiedlungen um 1217 als deutschrechtliche Stadt aus. Löwenberger Recht diente auch anderen Städten als Rechtsgrundlage. Die Stadt war bereits 1525 evangelisch; als 1629 die Gegenreformation einsetzte und die Frauen rekatholisiert werden sollten, kam es 1631 zum „Löwenberger Weiberkrieg", den Gustav Freytag und Walter Flex literarisch beschrieben haben. Die wirtschaftliche Stärke verdankte es der Tuchmacherei und dem Handel.

64 Die 1251 erstmals erwähnten Ritter von Liebenthal besaßen zwischen dem Siedlungsgebiet am Bober und der Landesgrenze am Queis im Vorland des Isergebirges einen festen Platz. 1287 kommt es mit der Gründung eines Benediktinerinnenklosters zum Ausbau der Stadt LIEBENTHAL nach Magdeburger Recht. Von den Klosterbauten des Mittelalters haben sich infolge der Brände von 1517, 1688 und 1723 nur Reste erhalten. Der langgestreckte Markt zieht sich plangerecht an der Straße von Löwenberg nach Greiffenberg entlang. Neben Ackerbau und Garnspinnerei spielte die Leineweberei schon beizeiten eine Rolle. Im 16. Jh. entwickelte sich die Stadt zu einem wichtigen Handelsplatz für Leinenwaren im Gebirgsvorland. Von dem damaligen Wohlstand zeugten die massiven Häuser am Markt, darunter das stattliche Leinwandhaus, und die Laubengänge, Tortürme und die Kirchen an den Ortsausgängen. Als Preußen Schlesien in Besitz nahm, fand das evangelische Bekenntnis im Klosterland stärkere Beachtung. Die letzte Äbtissin, Barbara II., gründete 1804 eine Industrieschule für Mädchen.

65 Dieses schmucke, fränkisch anmutende, mit Schindeln gedeckte Fachwerkhaus steht in SCHMOTTSEIFEN im Kreis Löwenberg. Es gehört einem Stellmacher, der an der Giebelwand die schon geschälten Baumstämme aufgerichtet hat. An die Hauswand gelehnt ist ein fertiges und ein halbfertiges Wagenrad. Gleich neben der Haustür liefert ein Brunnen das lebenspendende Wasser. Über dem Eingang bis zum anderen Hausende erstreckt sich ein Balkon. Der Ort ist ein Waldhufendorf, das sich acht Kilometer lang beiderseits des Seiffen hinzieht, aus dessen Sand man einst mühsam das begehrte Gold herauswusch.

66 Die ergreifende Abendmahlsszene im Jagdschloß oder „Simones Haus“ von NEULAND ist lebensnah gestaltet, daß man meint, den Gesprächen der Jünger mit Jesus zu lauschen. Die Mienen der Apostel und ihre Armbewegungen verstärken den Eindruck. Das Alter des Schlosses ist uns nicht bekannt und ihm auch nicht anzusehen; die nachhaltigen Eingriffe in die alte Bausubstanz haben alle Spuren verwischt. Den letzten Umbau ließ Walter von Wietersheim im Jahre 1901 vornehmen, dessen Vater den Besitz 1883 von den Erben der Prinzen der Niederlande erworben hatte; deren Vorgänger waren die Herren von Nostitz.

67 In HÖFEL stehen diese Bienenstöcke in der Form von Heiligenfiguren, jeweils bis zu 185 cm hoch. Das bezeugt den Einfallsreichtum der Schlesier und ihr Bestreben, originell zu sein. Womöglich versprach sich der Imker, der diese Bienenstöcke fertigen ließ oder gar selbst geschaffen hat, mit Gottes Segen gute Erträge. Schlesien wurde durch Pfarrer Johannes Dzierzon, einen berühmten Bienenforscher und Entdecker der Grundlagen für rationelle Bienenzucht, zu einem klassischen Land der Imker mit immerhin 30 000 Bienenzüchtern und 300 000 Bienenvölkern. Dzierzon erhielt den Ehrennamen „Bienenvater".

68 BUNZLAU, Töpferstadt am mittleren Bober, an der „Hohen Straße“, einer wichtigen mittelalterlichen West-Ost-Fernverbindung, die auch später ihre Bedeutung nicht ganz verlor. Ihre „Bunzeltippel“ sind weit über Schlesiens Grenzen hinaus bekannt geworden. Die durch Herzog Heinrich I. 1233 deutschrechtlich gegründete Stadt wurde schon bald mit trutzigen Wehrtürmen und festen Mauern umgeben. Nicht weit vom Obertor steht die katholische Stadtpfarrkirche St. Mariä, zuerst von 1524 bis 1629 und noch einmal von 1632 bis 1637 evangelisch; ein spätgotischer Bau, der 1429 nach der Zerstörung durch die Hussiten mit einem dreischiffigen, vierjochigen Langhaus und neugotischem Turmhelm neu entstanden ist. Sein hier abgebildetes Westportal geht auf die Zeit vor 1522 zurück. Die Heiligenfiguren am Treppenaufgang stiftete Leonhard Weber 1723. Auf den Mauern des 1642 zerstörten Schlosses erwuchs die evangelische Kirche als Saal mit Emporen und Kanzelaltar. Das Renaissancerathaus erbaute Wenzel Roßkopf von 1525 bis 1535. Meister Joppe schuf 1753 den „Großen Topf“.

69 Auf der kunstvoll gestalteten GRABPLATTE der Maria Sara Nerger auf dem Friedhof in Bunzlau steht eingemeißelt: „Dieses aufgesetzte Grabmahl deutet auf die wohl seelige Jungfer Maria Sara hin. Sie ging auf wie eine Blume Anno 1700 d. 10. Mai. In dem reichlich gesegneten Ehegarten Tit. Herren Gottfried Nerger und seiner Frau Eheliebsten Tit. Frau Christina Nergerin gebohrene Krauße. Sie gab als eine wohl aufgegangene Rose Jedermann vornehmlich ihren herzliebsten Eltern einen anmüthigen Beruch schöner Tugenden von sich und zog vieler Liebe zu sich. Sie wuchs gleich einer Rose in ihrem Leben nicht ohne Dornen, insonderheit Krankheits Dornen. Sie ward letztens krank und fiel in solcher Krankheit ab, wie eine Blume in ihrer besten Blüte, den 10. November Anno 1713. Nachdem sie in der Welt nicht länger geblüht hatte als 13 Jahre und 35 Wochen.“ Dieser Nachruf zeugt von dem innigen Verhältnis der Eltern zu ihrer früh dahingeschiedenen Tochter. In Bunzlau wurde 1597 Martin Opitz geboren. Er schrieb das für deutsche Dichter maßgebliche „Buch von der Deutschen Poeterey“.

70 In GIESSMANNSDORF ließ sich 1603 der spätere Landeshauptmann Kaspar von Warnsdorf auf den Grundmauern einer mittelalterlichen Wasserburg mit romanischen und gotischen Gewölben aus der Zeit um 1100 ein Renaissanceschloß erbauen. Die Nordseite schließt eine Mauer mit Eckturm ab; auf der Brücke, die in ein Tor mündet, stehen Barockfiguren der vier Jahreszeiten. Die Vorderseite des Schlosses besitzt drei phantasiereich gestaltete Giebel. Die früheren Sgraffiti an der Hausfront sind unter einer Putzschicht verschwunden. Sechzehn Ahnenwappen krönen das Westportal mit nägelbewehrtem Tor.

71 Den „Uhrturm“ am Rathaus in SPROTTAU errichtete 1732 der Barockbaumeister Martin Frantz. Als einziges Rathaus in Schlesien besaß es einen zweiten, bereits 1532 bis 1592 erbauten Turm am anderen Ende des Langhauses. Die drei Bürgerhäuser am Ring überragt die katholische Pfarrkirche St. Mariä Himmelfahrt; 1260 erstmals erwähnt, 1416—1424 zur dreischiffigen Hallenkirche erweitert. In den aus Feldsteinen errichteten Turm ist der älteste Grabstein Schlesiens (1316) eingemauert. Die Stadt im Mündungsdreieck zwischen Sprotte und Bober war schon 1260 als „civitas“ urkundlich ausgewiesen. Bei ihrer Gründung wurde sie mit einem Bürgerwald, einer Viehweide und 30 fränkischen Hufen sowie dem Meilenrecht ausgestattet. Hinzu kamen 1299 die Zollfreiheit, 1304 der Salzmarkt mit Eichrecht, 1407 das Münzrecht und 1499 ein Zollprivileg für durchziehendes Vieh nach Polen. Neben Ackerbau und Handwerk gab es eine bedeutende Tuchmacherzunft. In der Neuzeit sorgten Metall- und Textilfabriken sowie eine Klavierfabrik für Beschäftigung. Unter den Städten Preußens verfügte Sprottau über den größten Grundbesitz.

72 Auf dem Neuen Ring in SAGAN herrscht reges Treiben: Jahrmarkt. Die Menschen interessieren sich nicht nur für das Warenangebot, sondern wollen auch miteinander ins Gespräch kommen. Hinter den stattlichen Bürgerhäusern ist die Kirche St. Peter-Paul von 1495 sichtbar; darin wurden von 1558 bis 1628 evangelische Gottesdienste abgehalten. Generalissimus Wallenstein, von Kaiser Ferdinand II. mit dem Fürstentum Sagan belehnt, übergab diese zusammen mit dem Kloster den Jesuiten. Der Baubeginn der großzügigen Schloßanlage unter dem italienischen Baumeister Vincentino Boccaci fällt in diese Zeit.

73 Das im Jahre 1284 nach Sagan an die Stelle der ersten herzoglichen Burganlage verlegte AUGUSTINERKLOSTER wurde im 15. Jh. durch seine umfangreiche barocke Bibliothek zu einem kulturellen und gelehrten Mittelpunkt. Das vermag dieses Bild höchst eindrucksvoll zu vermitteln. Von den Äbten des Klosters ist Abt Ludolf hervorzuheben, der ihm während der Hussitenzeit vorstand, aus späterer Zeit der 1724 in Glogau geborene Ignaz von Felbiger, österreichischer und preußischer Schulreformer, der den Unterricht an katholischen Volksschulen entscheidend verbesserte. Er ist 1788 in Preßburg gestorben.

74 Am ruhig dahinfließenden Bober bei MALLMITZ, in dessen Wasser sich die Bäume spiegeln, und der Gänseschar auf der Uferwiese bietet sich eine ländliche Idylle, die etwas von der Melancholie des flachen Landes zu vermitteln vermag. Der Ort ist eine alte slawische Siedlung, was Gefäßfunde aus der Zeit um das Jahr 1000 bestätigen. Bis 1600 gab es hier nur zehn Bauern und sechs Gärtner; dann lockten der Abbau von Raseneisenstein und Eisenhammer Menschen an. 1801 wurden in der Marienhütte der erste Hochofen und vier Frischfeuer angeblasen. Nach dem Bahnanschluß (1875) ging es wirtschaftlich aufwärts.

75 Die Stadt GRÜNBERG wurde zwischen 1222 und 1272 deutschrechtlich aus „wilder Wurzel" gegründet. Wie alle Gründungen dieser Zeit zeichnet auch sie der weitläufige Ring aus, auf dem wir die Stadtpfarrkirche St. Hedwig im Hintergrund erkennen; im 13. Jh. entstanden, wurde sie mehrfach wieder aufgebaut, zuletzt 1679 als spätgotische Hallenkirche, die 1832 ihren späteren Turm erhielt. Das Rathaus von 1590 wurde nach einem Großbrand im Jahre 1651 wiederhergestellt. Die evangelische Kirche „Zum Garten Christi" mit der klassizistischen Fassade geht auf ein von 1746 bis 1748 errichtetes Bethaus zurück.

76 Urkundlich wird der GRÜNBERGER WEIN in der ersten Hälfte des 13. Jh. erstmals erwähnt. Heute ist hier der Weinbau nur ein spärlicher Rest einer von den deutschen Kolonisten betriebenen Kultur. Im Mittelalter finden wir Weinberge bis in die Gegend von Löwenberg. An derben Holzstöcken wird die Rebe so niedrig angebunden, daß die Trauben fast an der Erde um den Stock herum hängen. Durch Rückstrahlung des Sandbodens werden sie zur Reife gebracht. Obwohl der Wein immer schon als sehr „sauer" galt, gründete Grempler in Grünberg 1826 die erste deutsche Sektkellerei. Auch Weinbrand stellte man her.

77 Schloß GÜNTHERSDORF ist noch nach Plänen des ein Jahr zuvor verstorbenen Berliner Baumeisters Karl Friedrich Schinkel 1842 umgebaut worden. Die Fassade des Schlosses beschatten Zweige alter Bäume. Das Säulenportal verweist auf den klassizistischen Baustil. Nach einer am Haus angebrachten Tafel hatte es Baltzer von Unruh, dessen Familie es seit 1608 gehörte, von 1685 bis 1689 durch Meister Hans Kolcker errichten lassen. Von 1771 bis 1789 gehörte es der Gräfin von Cosel; 1807 kam es an Prinzessin Dorothea von Kurland. Der Landschaftsgärtner Lenné versah den Park mit Orangerien und Treibhäusern.

78 Von der weitgehend erhalten gebliebenen Stadtanlage von FREYSTADT mit der doppelten Mauer ist im Vordergrund der Crossener Torturm auszumachen. Dahinter steht die nach 1295 auf einem Platz nordwestlich des Ringes erbaute katholische Pfarrkirche St. Mariä. Neben einer Vorgängerin hat man 1280 ein Krankenhospital zum Hl. Geist gestiftet und dem Deutschen Orden übergeben. Die Stiftung zweier Altäre im Jahre 1300 brachte die Vollendung der Kirche; eine dreischiffige Halle folgte im 15. Jh., ein achteckiger Turm darauf im 16. Jh., dessen wuchtige Mauern aus Backstein und Findlingen bestehen.

79 Vor den Toren Freystadts steht in der Mitte eines alten Friedhofs mit schönen Epitaphien und Grufthäusern des 18. Jh. eine der sechs schlesischen GNADENKIRCHEN, nach 1708 als Fachwerkbau über dem Grundriß eines lateinischen Kreuzes errichtet. Zwischen die Ständer, die die Flachdecke stützen, und die Außenwände zog man zwei den ganzen Raum umgebende Emporen. Die Decke ist reich bemalt, die Emporenbrüstungen zeigen aufgemalte Bibelsprüche. Im Vergleich zu der auf einer Säule fußenden Kanzel mit dem schönen Baldachin wirkt der Altar eher schlicht. Die Kirche erhielt 1826 den massiven Turm.

80 Zur evangelischen Gnadenkirche ZUM WEINBERG JESU in Freystadt gehört der hinter diesem Tor liegende Friedhof. Das eindrucksvolle Friedhofstor, dessen Entstehung mit der Jahreszahl 1791 festgehalten ist, krönen drei kunstvoll verzierte Urnen aus Stein. Die Inschrift ist nicht ganz zu entziffern. Verschlossen wird es durch zwei schmiedeeiserne Flügel. Zu dem Kirchsprengel gehörten einmal 101 Ortschaften, darunter Sprottau, Neustädtel, Quaritz und Beuthen an der Oder; doch von 1741 an verblieben der Gnadenkirche nur die Kirchgänger von 40 Orten, die als evangelische Schlesier immer noch weite Wege für einen Kirchbesuch in Kauf nehmen mußten. Nach dieser seit der Gegenreformation herrschenden Glaubensnot wandten sich die Protestanten Schlesiens Preußen zu, dessen König in Glaubensdingen als tolerant galt und nach den Schlesischen Kriegen das Land in Besitz nahm. Bis zum Tode von Carl Gotthard Langhans, dem großen schlesischen Architekten des Klassizismus, sind nach dessen Plänen 250, mitunter kunstvoll ausgestaltete, evangelische Kirchen in Schlesien erbaut worden.

81 Die 1326 erstmals belegte Pfarrkirche von FRAUSTADT ist der Hl. Maria und dem hl. Stanislaus geweiht. Ihr hochaufragender stattlicher Turm stammt aus dem späten 16. Jh. Im Innern ist die Kirche — im Gegensatz zum Außenbild — stark verändert worden. 1720 bis 1726 baute sie Pompeius Ferrari um und gab ihr den barocken Charakter, mit dem sie heute noch den Besucher beeindruckt. Die Reformation hatte sich in Fraustadt bis 1555 durchgesetzt. Doch 1600 begann die Gegenreformation; die Pfarrkirche fiel an die Katholiken zurück. Daneben wurde später eine Jesuitenresidenz eingerichtet. Die lutherische Lehre, vertreten durch starke Persönlichkeiten, hatte hier allerdings feste Wurzeln geschlagen, so durch Pastor Valerius Herberger, den Kantor und späteren Pastor von Ober Pritschen Melchior Teschner und den Rektor und Chronisten Caspar Hoffmann. Sie spielte daher weiterhin eine führende Rolle in der Stadt. Die Notkirche „Kripplein Christi“ weihte man 1604 ein. Unter den Glaubensflüchtlingen befand sich Andreas Gryphius; er besuchte von 1632 bis 1634 das Gymnasium.

82 Fraustadt ist der Mittelpunkt des Fraustadter Ländchens an der Grenze zwischen den alten piastischen Ländern Schlesiens und Großpolen. Sein RATHAUS wird erstmals 1435 erwähnt. Seine beeindruckende Form hat es im Zuge des Umbaus von 1860 bis 1870 erhalten. Um 1290 spricht man von „Frowenstat", was vielleicht auf die der Jungfrau Maria geweihte Kirche zurückgeht. Nach dem schrecklichen Dreißigjährigen Krieg nahm die Stadt evangelische Schlesier auf. Durch Leine- und Tuchweberei brachte sie es zu ansehnlichem Wohlstand, den eine Zukkerfabrik, Ziegeleien und Bauunternehmen mehren halfen.

83 GLOGAU im fruchtbaren Odertal erwähnte erstmals Thietmar von Merseburg 1010 als „urbs Glogua". 1253 setzte es Herzog Konrad II. von Glogau mit Magdeburger Recht als Stadt aus. Im Mittelalter war es nach Breslau zeitweise Schlesiens größte Stadt. Als bedeutender Markt hat Glogau wegen der günstigen Lage an den Straßen Görlitz — Breslau und Görlitz — Posen — Thorn schon 1315 Niederlagsrecht erhalten. Handel, Tuchmacherei und Kürschnerhandwerk begründeten anfangs den Wohlstand, später hauptsächlich Textil- und Elektroindustrie, wovon diese Stadtansicht einen Eindruck vermitteln vermag.

84 Die Domkirche Glogau wird mit der Gründung eines Kollegiatsstiftes auf der Oderinsel im 12. Jh. in Verbindung gebracht, die Zeit des Bischofs Heimo und des Herzogs Boleslaus III. Erstmals urkundlich erwähnt wird es jedoch erst 1218. „Verglichen mit den romanischen Bauteilen, die sich in der Vierung und im vorderen Chorjoch des Neubaus von 1413 bis 1466 deutlich erhalten haben, kann man von einem Typus sprechen, der seinem Charakter nach am ehesten mit der Klosterkirche in Trebnitz und dem Neubau des Breslauer Domchores von 1244 zu vergleichen ist. Demzufolge dürfte er erst um die Mitte des 13. Jh., also nach 1241, entstanden sein. Der Neubau des 15. Jh. wurde erst im 16. Jh. als Hallenkirche von durchaus märkischem Charakter eingewölbt und an den Längsseiten zwischen den Strebepfeilern mit Kapellen versehen" (Günther Grundmann). Das dürfte auf die HEDWIGSKAPELLE zutreffen, die der durch Gregorius Habicht geschaffene, hier abgebildete Altar und das Gemälde aus der Hedwigslegende vom Ende des 16. Jh. zieren. Das Gestühl für die Domherren schuf ein unbekannter Schnitzer.

85 Die Madonna mit dem Jesuskind von LUCAS CRANACH d. Ä. aus dem Jahre 1518 gehört zum Domschatz des Glogauer Domes; ein Geschenk des Dompropstes Joachim Lindlau, dessen rotmarmorner Grabstein von 1565 sich in der Kirche befindet. Cranach, Maler und Graphiker, geboren 1472 in Kronach/Oberfranken und gestorben am 16. Oktober 1553 in Weimar, war einer der großen Meister der Reformationszeit und mit Martin Luther und Philipp Melanchthon befreundet. Bereits mit seinem Frühwerk erwarb er sich den Ruf eines genialen Künstlers. Seine große schöpferische Leistung: die Einführung des selbständigen Ganzfigurenbildes in die deutsche Malerei. Cranach, ein vielbeschäftigter Mann, nahm auch öffentliche Aufgaben wie das Amt eines Ratsherrn und Bürgermeisters in Wittenberg wahr. Auch wenn ihm nicht jede der vielen Auftragsarbeiten gelang, so zählte doch seine „Madonna" zu den erlesensten Kunstwerken der deutschen Malerei. Das Antlitz der Maria, ihr lang herabfallendes lockiges Haar sowie das hübsche Jesuskind beeindrucken den Betrachter. Die beiden heben sich vor der vielgestaltigen Landschaft ab.

86 Die Oder, „Lebensader“ Schlesiens, entspringt im Odergebirge östlich Olmütz, durchfließt die Mährische Pforte und erreicht bei Oderberg schlesisches Gebiet; nach 898 km langem Lauf mündet sie in zwei Armen in das Stettiner Haff und fließt in die Ostsee ab. Von Cosel an ist sie auf 756 km Länge schiffbar. Anfang 1939 verkehrten 610 Schiffe mit eigener Triebkraft (39 000 t) und 2 700 Schiffe (970 000 t), wie dieser Oderkahn in NEUSALZ bei Glogau. Schlesien hatte einen Anteil von 10,7 v. H. an deutschen Binnenschiffen mit eigener Triebkraft, 20 v. H. ohne eigenen Antrieb. Häufigstes Transportgut war Kohle.

87 Am linken Ufer, wo der Fluß den Talrand der Ausläufer der Dalkauer Berge verläßt, liegt BEUTHEN an der Oder. Bei Ausgrabungen fand man Hockergräber der Steinzeit, Urnen der Bronzezeit und einen Einbaum; das deutet auf eine frühe Besiedlung des Raumes hin. Am Oderübergang stand eine 1203 belegte Kastellaneiburg auf einem Hügel über der Oder. Als Kirchort ist Beuthen seit 1175 belegt. Damals überließ der polnische Magnat Nicor den Leubuser Zisterziensern die Kirche des hl. Stephan. Die deutschrechtliche Stadtgründung geht vermutlich auf das Jahr 1263 zurück. Das erste Rathaus auf dem Markt umgaben Handwerkerbänke; von 1602 bis 1609 hat man ein neues mit einem „86 Ellen" hohen Turm errichtet. Die eindrucksvoll gestalteten Barockhäuser, wovon Haus Nr. 47 am Ring zeugt, sind sehenswert und verkörpern ein Stück „Alt-Schlesien". Ritter Georg von Schönaich erwarb sich große Verdienste um Beuthen und verschaffte der Stadt weithin Ansehen: Er sorgte durch edle Obst- und Rebsorten für die Kultivierung der rechten Oderseite. Ackerbau, Handel und Oderschiffahrt prägten die Wirtschaft.

88 SCHLESIERSEE liegt am Ortszipfel des gleichnamigen Sees, über den wir hier von diesem mit Schilf bestandenen Ufer hinüber auf eine Häuserreihe und zwei Windmühlen schauen — ein Bild der friedlichen Abgeschiedenheit dieses Landstriches hart an der polnischen Grenze. Der Ort wird erstmals 1312 bei der Teilung des Herzogtums Glogau genannt. Melchior von Rechenberg erwarb 1468 die Herrschaft. Sein Nachkomme, Hans von Rechenberg, war Luthers Freund. Die offene, aber mit drei Toren versehene Stadt mit dem barocken Schloßbau von 1735 lebte von Ackerbau, Fischerei, Tuchhandwerk und Handel.

89 LÜBEN am Ostrand der waldreichen Niederschlesischen Heide wurde bereits 1290 als befestigte Kolonistenstadt nach Magdeburger Recht ausgesetzt. Hier sind eine Ecke des weitläufigen Ringes und die evangelische Pfarrkirche St. Marien aus dem 14./15. Jh. mit dem freistehenden Turm zu erkennen; er gehörte ursprünglich mit zur Stadtbefestigung, von der noch Reste erhalten sind. Eine katholische Pfarrkirche wurde 1908 errichtet; bis dahin fanden Gottesdienste in der auf das 14. Jh. zurückgehenden Schloßkapelle statt. Das Schloß selbst ist im Dreißigjährigen Krieg zerstört worden. Nur die Umfassungsmauern sind noch erhalten. Auf dem Ring steht das 1768 errichtete Rathaus; hier führte, von Breslau kommend, durch das Glogauer Tor eine Handelsstraße vorbei. Von den 400 selbständigen Tuchmachermeistern von 1629 zählte man 1665 nur noch 227. Einen erneuten Aufschwung machte der große Brand von 1757 zunichte. Der Eisenbahnbau 1869—1871 von Liegnitz nach Glogau und 1917 nach Kotzenau ermöglichte die Ansiedlung einer Zuckerfabrik, von Holz- und Metallverarbeitungsbetrieben.

90 Schloß BRAUCHITSCHDORF im Kreis Lüben blieb seit der Verleihung an Ritter Velislaus über vierhundert Jahre Eigentum der Familie von Brauchitsch. Danach kam es an die Herzöge von Liegnitz und die Familie Haugwitz, die den Barockbau errichten ließ, den der Baumeister Martin Frantz auf hufeisenförmigem Grundriß gestaltet hat. Das Schloß hatte wechselnde Besitzer, darunter die königliche Familie. So ließ 1907 Freiherr von Luttwitz durch Architekt Grasser die Eingangsfront um zwei Flügel erweitern und die Halle modernisieren. Der Adelssitz wurde als erster in Schlesien unter Denkmalschutz gestellt.

91 Die katholische Kirche in OBER GLÄSERSDORF, Kreis Lüben, besitzt einen reich verzierten Altar. Zu beiden Seiten des Chorraumes sind zwischen Säulen, die ein Podest tragen, die Grabplatten der Standesherrschaften dieses Adelssitzes von 1501 bis 1615 eingelassen. Heiligenfiguren, wie die beiden an den Wänden und die auf dem Podest angeordneten, gestalten den Kirchenraum. Das großzügig angelegte Schloß im Baustil des Barock entstand zu Beginn des 18. Jh. und wurde vermutlich von dem aus Gmünd in Kärnten stammenden Blasius Peintner im Auftrag des Grafen d'Haussonville erbaut und später erweitert.

92 Inmitten des Bober-Katzbach-Gebirges breitet sich die alte Bergmannstadt GOLDBERG aus. Die spätere evangelische Pfarrkirche St. Mariä, um 1220 begonnen, gehört zu einer Gruppe romanischer Dorfkirchen im Katzbachtal. Der heutige Bau ist vielfach um- und ausgebaut worden und enthält bedeutende spätromanische Elemente des 13. Jh. wie den Chorraum und das hier abgebildete Südportal des Querschiffs. Die ursprünglich basilikal geplante Kirche wurde im 14. Jh. als gotische Hallenkirche vollendet. Das Patronat der Pfarrkirche ging 1270 an die Johanniter, deren Kommende bereits 1267 genannt wird. Der Zusammenklang des östlichen und westlichen Bauabschnittes ist trotz der verschiedenen Entstehungszeiten von großer Harmonie und Klarheit; den Goldberger Innenraum zählt man deshalb zu den edelsten mittelalterlichen Kirchenräumen Schlesiens, auch wenn nicht alle Veränderungen in späterer Zeit zur Verschönerung beigetragen haben. Das bezieht sich vorrangig auf den Ostturm: im 16. Jh. statt zweier Westtürme errichtet, mußte seinetwegen der Chor wesentlich umgestaltet werden.

93 An der Ostseite des Marktplatzes in HAYNAU erhebt sich die alte evangelische Pfarrkirche zu „Unserer Lieben Frau“ mit dem mächtigen Turm von 1299. Der älteste Teil der dreischiffigen Basilika stammt aus der ersten Hälfte des 14. Jh. Um 1400 erfolgten Um- und Ausbauten. 1468 erneuerte man das Gewölbe. Die Ausgestaltung der Busewoy-Kapelle im Renaissancestil geht auf die Mitte des 16. Jh. zurück. Nach einem Brand von 1651 hat man die Kirche bis 1659 wiederaufgebaut. Die an der Schnellen Deichsa an der für die damalige Zeit wichtigen „Hohen Straße“ zwischen Bunzlau und Liegnitz gelegene Stadt ist seit 1288 als „civitas“ belegt. Der schon 1357 vorhandene Mauerring ist im 15. und 16. Jh. verstärkt worden. Mauerteile und der „Weberturm“ von 1400 mit der Renaissance-Attika aus der Mitte des 16. Jh. und der häufig erneuerten achteckigen Fachwerk-Bekrönung sind noch erhalten geblieben. Die mittelalterliche Wirtschaft der Stadt bestimmten die Weber, deren Zunft seit 1332 bestand. Außer einer 1831 gegründeten Tuchfabrik siedelten sich weitere Industriebetriebe an.

94 PILGRAMSDORF ist ein Waldhufendorf unweit des Probsthainer Spitzberges; seine Gründung im sogenannten „Löwenberger Hag“ geht auf das Jahr 1245 zurück, die Zeit, in der es nach den Forschungen Walter Kuhns gerade in diesem Bereich am häufigsten zu deutschen Ortsgründungen „aus wilder Wurzel“ gekommen ist. Altslawische Siedlungen waren nur an Bober und Katzbach anzutreffen, während die Dörfer der Deutschen sich erst durch Rodungen das notwendige bebaubare Land schaffen mußten. Die heutige, mit ihrem Innenraum gezeigte evangelische Kirche besitzt ein Sandsteinportal aus dem 13. Jh. Ihre Ausstattung ist ein lebender Beweis dafür, zu welchen Opfern die Gläubigen bereit waren, um diese ihre Kirche auszugestalten: die auf einer Säule stehende Kanzel unter einem von der Decke herabhängenden Baldachin, der mit Figuren besetzte Altar, die mit Bibelsprüchen und Ausmalungen versehenen Emporen. Zur Zeit der Gegenreformation diente sie als „Zufluchtskirche“; Ausbau im 16. und 18. Jh. Das ursprüngliche Renaissance-Schloß aus dem 17. Jh. wurde nach einem Brande mit barocken Elementen neu erbaut.

95 Nach dem Westfälischen Frieden von 1648 durfte in JAUER eine der drei Friedenskirchen für die Evangelischen gebaut werden. Als Baumaterial waren nur Holz und Lehm erlaubt. So entstand von 1654 bis 1656 nach einem Entwurf des Festungsbaumeisters Albrecht von Saebisch durch Andreas Kemper aus Jauer der fränkische Fachwerkbau, gedacht für etwa 6 000 Besucher. Man löste die Aufgabe durch einen rechteckigen Saalbau, dessen flache Decke Ständer tragen, die auch die beiden Emporen stützen. Dem Baustil gemäß wurde der gedrungene Turm mit barocker Haube erst später an die Südseite angefügt.

96 Die Schmalseite des Marktes in BOLKENHAIN begrenzt die bereits 1298 urkundlich belegte frühgotische katholische Pfarrkirche St. Hedwig. 1814 erhielt sie einen neuen Turm im Stil des Neuklassizismus. Vom Kirchenportal schaut man hinüber auf eine Reihe von Laubenhäusern mit vorgebauten Treppenaufgängen. Nach der Aufteilung des Herzogtums Liegnitz im Jahre 1278 fielen Stadt und Burg an Herzog Bolko I., der beide ausbaute und dessen Name Stadt und Burg seit dem 14. Jh. tragen. Die Bolkoburg baute um 1540 der berühmte italienische Baumeister Jakob Pahr im Stil der Renaissance um und aus.

97 Das wuchtige Portal gehört zu den Schloßanlagen in ROHNSTOCK. Der Schloßbau selbst mit seiner Turmfront geht auf das 16. und 18. Jh. zurück; 1868 bis 1871 veranlaßte Reichsgraf von Hochberg Hans Heinrich XIV. Bolko die Umgestaltung zu einem Bau mit vier Flügeln. Friedrich der Große ließ nach der Schlacht bei Hohenfriedeberg vor dem Schloß die erbeuteten Fahnen defilieren. Statt im Schloß übernachtete er in einem Zelt in dem später wegen seiner Schönheit gerühmten Park. Während der Herbstmanöver 1890 bezogen Kaiser Wilhelm II. und Franz Joseph I. hier ihr standesgemäßes Quartier.

98 Das Alte Rathaus in LIEGNITZ begann Franz Michael Scheer kurz vor dem Ersten Schlesischen Krieg 1737 zu bauen; es sollte ein Gebäude aus dem 14. Jh. ersetzen. Als Vorbild dienten ihm Details ähnlicher Bauten österreichischer Barockbaumeister, wie etwa die durchgehenden Pilaster. 1741 wurden wegen des Krieges die Arbeiten unterbrochen. Die geschwungene Doppeltreppe zierte manches schlesische Rathaus und ist für sich schon ein Meisterwerk. Den schönen Turmhelm hat das Rathaus erst 1929 erhalten. Neben dem Rathaus steht das alte Wahrzeichen schlesischer Städte, der Neptunbrunnen, im Volksmund liebevoll „Gabeljürge“ genannt, aus dem Jahre 1731 in einem barock geschwungenen Wasserbecken. An der Nordseite des Ringes, dem ehemaligen Marktplatz, plätschert das Wasser des „Fischweibbrunnens“ von 1412. Am nördlichen der zwei Häuserblöcke in der Mitte des Ringes erregt noch heute das „Haus zum Wachtelkorb“ mit Runderker und Giebelschmuck in Sgraffito unsere Bewunderung. Auf der anderen Seite veleihen ihm die „Heringsbuden“, acht schmale Giebelhäuschen, sein unverkennbares Gepräge.

99 Zwar wird in einer Urkunde des Klosters Leubus die Burg Liegnitz 1178 erstmals erwähnt; ihre Gründung soll jedoch früher erfolgt sein. Um 1175 wird von einer Befestigung des Schlosses durch Boleslaus I. gesprochen. Die über 50 m hohen Schloßtürme, im Vordergrund der Hedwigsturm, dahinter der Petersturm, entstanden um 1200 in ihrem unteren Teil als romanische und im oberen Teil nach 1416 als gotische Bauwerke. 1530 baute man das SCHLOSS im Renaissancestil um. Eindrucksvoll ist das Nordtor. Nach dem Schloßbrand im Jahre 1835 wurde es im Sinne Schinkels erneuert. Später beherbergte es die Regierung.

100 Herzogin Luise von Anhalt, Mutter Herzog Georg Wilhelms, ließ 1677 im Chor der Johanniskirche in Liegnitz, nach dem Abbruch der Kartäuserkirche herzogliche Grablege, eine überaus prachtvolle FÜRSTENGRUFT für die letzten Piasten bauen. Das geschah nach dem künstlerischen Programm des schlesischen Barockdichters Caspar von Lohenstein und dem Entwurf von Carlo Rossi. In dem Gebäude, einem Oktogon auf achteckigem Grundriß, stehen in den sich anschließenden Nischen die Sarkophage. Eine Kuppel mit kostbaren Deckengemälden überwölbt den Raum. Vier Alabasterfiguren des Bildhauers Matthias Rauchmüller aus Radolfzell sorgen für weitere Ausschmückung; sie zeigen den fünfzehnjährig verstorbenen regierenden Herzog Georg Wilhelm von Liegnitz, Brieg und Wohlau, seine Mutter, Herzog Christian und Herzogin Charlotte. Die Gruft stand am Anfang einer regen, von Wien und Prag beeinflußten barocken Bautätigkeit. Die Kirche, 1698 den Jesuiten zugesprochen, wurde 1714—1727 zu einer der bedeutendsten Barockkirchen umgebaut. 1744 stürzte das Gewölbe ein; die Gruft blieb unversehrt.

101 Dieses überaus reich verzierte Türgitter im JESUITENKOLLEGIUM zu Liegnitz gilt als meisterhaft gelungene Kunstschmiedearbeit. Das Aussterben des letzten Piastenzweiges bot den Jesuiten die Möglichkeit, 1698 einen kaiserlichen Befehl zu erwirken, der ihnen die katholische Pfarrkirche St. Johannes und die in den Jahren 1341 bis 1363 errichteten Klosteranlagen der Franziskaner zusprach. Unter Schonung der Fürstengruft entwarf noch im gleichen Jahr der aus Memmingen stammende Baumeister Johann Georg Knoll unter Mitwirkung von Martin Frantz einen großartigen Neubau. Die Klostergebäude waren 1702 fast vollendet. 1705 legte Frantz letzte Hand an den Bau. Die mittelalterliche Kirche hingegen brach man 1714 wegen Baufälligkeit ab und setzte 1714 bis 1727 an ihre Stelle einen glanzvollen barocken Neubau. Die nach dem Vorbild von Banz erfolgte Einwölbung und die bewegte Fassade mit ihren zwei Türmen zeigt die Verwandtschaft mit den böhmischen Barockbauten Kilian Ignaz Dientzenhofers. Nach der Säkularisierung nutzte man die Kirche als katholische Pfarrkirche, das Klostergebäude als Schule.

102 Die Lage in einer fruchtbaren Gegend mit mildem Klima prägte Liegnitz als Park- und Gartenstadt. Ein Grüngürtel erstreckt sich vom Schloß im Norden auf den ehemaligen Wallanlagen bis zum Stadtpark im Süden. Die Grünanlagen hat man 1927 auf einem Gelände links der Katzbach für eine Gewerbe- und Gartenbauausstellung (Gugali) ausgebaut, die ähnlichen Anlagen als Vorbild diente. Der 170 Jahre alte Stadtpark bildete hierfür die Grundlage. Das Palmenhaus wurde bereits 1898 für tropische Pflanzen eingerichtet und zog wie PALMENGARTEN und Rosarium zahlreiche Besucher aus nah und fern an.

103 In der Nähe von Liegnitz ragt WAHLSTATT aus der Ebene auf, ein für die Geschichte Schlesiens und des Abendlandes bedeutender Ort. In der Schlacht vom 9. April 1241 stellten sich deutsche und polnische Ritter einem mongolischen Reiterheer entgegen, das über Krakau und Breslau vorgedrungen war. Herzog Heinrich II., der Fromme, fand dabei den Tod. Die Mongolen zogen sich trotz des Sieges zurück, weil ihr Großkhan Ügedei verstorben war. Die von der hl. Hedwig, Mutter des Herzogs, aus diesem Anlaß gestiftete Benediktinerabtei am Schlachtfeld wurde in den Hussitenkriegen zerstört. Ein neues Kloster mit einer der hl. Hedwig gewidmeten Kirche erbaute von 1723 bis 1731 der Stiftsbaumeister Kilian Ignaz Dientzenhofer als prachtvolle Barockanlage. Den Innenraum malte Cosmas Damian Asam 1733 aus. Von 1840 bis 1920 diente das in der Säkularisierung 1810 aufgehobene Kloster als preußische Kadettenanstalt, danach als Staatliche Bildungsanstalt mit militärischer Tradition. Die mit den Klosteranbauten abgebildete Klosterkirche wurde 1945 beschädigt, blieb aber vor dem Verfall bewahrt.

104 Den Grundstein zur St. Hedwigskirche in Wahlstatt legte 1723 Abt Othmar Zinke aus dem Braunauer Benediktinerkloster. Sie befindet sich im Zentrum der Klosteranlage. Das bedeutsame DECKENGEMÄLDE über der Orgelempore zeigt die Bergung der Leiche Heinrich des Frommen und sein von Mongolen aufgespießtes Haupt; Cosmas Damian Asam aus Benediktbeuren hatte es 1733 geschaffen. Kaum eine seiner Schöpfungen, ob in Weingarten, Prag, Bruchsal oder Mannheim, ist so tadellos erhalten wie die in Wahlstatt. Den oberen Teil der Orgel hatte Adam Horatius Casparini von 1729 bis 1731 erstellt.

105 Die Dreifaltigkeitskirche in NEUMARKT ist eine der klassischen schlesischen Bethauskirchen, die man ohne Turm errichtete. Der Fachwerkbau wurde im September 1744 begonnen und bis Mai 1745 fertiggestellt. Das Geläut kam 1797 in den Rathausturm. Bis 1933 diente die Kirche als Gotteshaus und danach als Heimatmuseum. Im Jahre 1945 wurde das Gebäude zerstört. Das in Neumarkt eingeführte dt. Recht wurde Vorbild für manche Gründung im Osten. Der Humanist Johann von Neumarkt und der Dichter und Intendant des Breslauer Senders, Friedrich Bischoff, kamen von hier.

106 Neumarkt ist Mittelpunkt der Neumarkter Platte zwischen der Oder, unteren Katzbach, der Wütenden Neiße und dem Striegauer Wasser. Im Westen dieses Bereichs liegt ein fruchtbares Ackerbaugebiet ohne größere Erhebungen, einer der frühen deutschen Siedelräume des 13. Jh. Die Verkehrslage an der Hohen Straße und an der Handelsstraße nach Breslau begünstigte den Absatz der reichen landwirtschaftlichen Erträge in Neumarkt. Das führte beizeiten zum Bau von Mühlen, wie der VIEHWEIDENMÜHLE, wo dieser große Mühlenteich, der wohl auch als Fischwasser dient, den Wasserlauf reguliert.

107 Nach dem Sieg über die Franzosen am 5. 11. 1757 bei Roßbach mußte Friedrich der Große nach Schlesien eilen, weil die Österreicher Schweidnitz und Breslau eingenommen und die preußischen Truppen des Herzogs von Bevern geschlagen hatten. Er sammelte sein Heer von etwa 35 000 Mann und rückte am 4. 12. nach Neumarkt vor. Die Österreicher verließen gleichzeitig mit ihren Verbündeten, einem Heer von nahezu 70 000 Mann unter Prinz Karl von Lothringen, ihr Lager an der Lohe und stellten sich westlich Lissa quer zur Hauptstraße Breslau—Neumarkt zu beiden Seiten von Nippern im Norden bis jenseits von Sagschütz im Süden zum Kampf auf. Nach einer erfolgreichen Vorhutbegegnung der Preußen östlich Neumarkt erwarteten die Österreicher den Angriff von dort, während Friedrich seine Armee nach rechts schwenken ließ und unerwartet vom Süden angriff. Der Kampf tobte am stärksten in und um LEUTHEN, besonders um den mit einer alten Wehrmauer umgebenen Friedhof der katholischen Kirche. Nach der Schlacht stimmte das Heer den Choral „Nun danket alle Gott“ an, dem „Choral von Leuthen“.

108 Auf der Oder fährt bei MALTSCH am großen Oderknie vor der Schwenkung des Stromes nach Norden das wahrscheinlich mit Kohle schwerbeladene, mit Motor angetriebene Oderschiff stromabwärts. Ein Fährmann legt gerade mit seinem Kahn und zwei Fahrgästen am Ufer an. Maltsch gehörte 1217 zu den 16 Dörfern, die dem Kaplan des Städtchens Leubus unterstanden, bis es 1414 Stadtrecht erhielt. Die kaiserliche Regierung ließ 1700 eine Salzfaktorei einrichten, die zur Niederlassung von Beamten, Kaufleuten und Schiffern führte. Um 1900 entstand ein Umschlaghafen vorwiegend für Waldenburger Kohle.

109 Das Umland von WOHLAU am Südrand des Schlesischen Landrückens weist sich durch zahlreiche vorgeschichtliche Funde als ein altbesiedeltes Gebiet aus, durch das frühe Handelswege führten. Hier entdeckte man 1899 den größten bronzezeitlichen Goldschatzfund Deutschlands. Das genaue Gründungsdatum der Stadt steht nicht fest. 1292 stellte Herzog Heinrich III. als Ersatz für die Gründungsurkunde eine Urkunde aus, die für die Aussetzung des Dorfes Altwohlau nach deutschem Recht das Jahr 1288 nennt. Gegen Ende des 15. Jh. wird Wohlau als Fürstentum bezeichnet und fiel später nach der Herzogszugehörigkeit von Liegnitz, Brieg und Wohlau 1675 an das Haus Habsburg. Als Stadt besaß es einen ovalen Grundriß mit einem fast quadratischen Ring, auf dem wir hier das als Renaissancebau im Jahre 1654 neu errichtete Rathaus sehen. Den Eingang ziert eine leicht geschwungene doppelte Freitreppe. Das Barockportal mit Wappen und der Jahreszahl 1692 zeichnet sich durch Schönheit aus. Davor die Statue des Johannes von Nepomuk. Früher sorgten Tuchmacher für den Erwerb, seit dem 19. Jh. die Kleinindustrie.

110 Auf einer kleinen Anhöhe über der Oder liegt LEUBUS, ältestes und bedeutendstes Zisterzienserkloster Schlesiens. Zwei Barocktürme überragen seinen 223 m langen Oderflügel. Die alte Anlage des 14. Jh. wurde in der zweiten Hälfte des 17. Jh. nach Plänen des Liegnitzers Matthias Knothe im Barockstil umgebaut. Der Piastenherzog Boleslaus der Lange, der den Orden während seines siebzehnjährigen Aufenthalts auf deutschem Boden kennenlernte, rief die Mönche ins Land und beurkundete 1175 auf seiner Feste Gröditzburg ihren Besitz an der Oder. Die stärksten Impulse zur deutschen Besiedlung kamen von hier.

111 Der gewaltige Komplex des KLOSTERS LEUBUS, eine Zisterziensergründung, Urzelle der deutschen Besiedlung, erhebt sich hoch über der Oder. Das kommt hier im Altarraum zum Ausdruck, wo ein Rausch von Form, Farbe und Gold der barocken Elemente nach der tiefgreifenden Umgestaltung den Ernst der gotischen Gewölbe überstrahlt. Das vom Wiener Bildhauer Matthias Steinl geschaffene Chorgestühl wurde 1700 aufgestellt. Die Putten auf dem reichen Akanthuswerk musizieren nicht auf Barock-, sondern auf mittelalterlichen Instrumenten. Ein eisernes Gittter schließt gegenüber dem Schiff den Chor ab.

112 Unter den Bildern der Apostelmartyrien von Michael WILLMANN am Obergaden des Altarraums der Klosterkirche in Leubus befindet sich die „Enthauptung des hl. Paulus". Der in Königsberg 1630 geborene Willmann starb hier am 26. August 1706; seit 1660 hielt er sich in Leubus auf. Er ist einer der bahnbrechenden Meister des Spätbarocks und malte vorwiegend religiöse und mythologische Bilder, Landschaften und Porträts. Das Kloster ist eines der größten und wertvollsten Klosterbauten Deutschlands. Neben der Klosterkirche sind Fürstensaal, Refektorium und Bibliothek sehenswert. Nach dem Dreißigjährigen Krieg erholte sich das Stift unter den Äbten Arnold Freiberger, Johannes Reich, Balthasar Nitsche und ihren Nachfolgern. Hier wirkten Felix Anton Scheffler, Ignaz Axter, Christian Philipp Benthum und Franz Joseph Mangold. Mit der Entfaltung der bildnerischen Künste ging ein intensives geistiges und wissenschaftliches Leben einher. Nach der Säkularisierung beherbergte das Klostergebäude eine Heil- und Pflegeanstalt; die Wirtschaftsgebäude dienten als Landesgestüt.

113 Unter dem Einfluß der norddeutschen Backsteingotik ist in GUHRAU die katholische St. Katharinenkirche entstanden. In der mächtigen, eigenwillig gestalteten Fassade sind Türme und Giebel zu einer Einheit verwachsen. Die Türme trugen einst sieben Glocken, „deren fünff in zimbblicher Größe“, wie es in einem alten Bericht heißt. Als im Siebenjährigen Krieg Kroaten im Kircheninnern Feuer legten, ist das kostbare Geläut zerschmolzen. Das Gotteshaus aus dem 15./16. Jh. bildet bis heute ein weithin sichtbares Wahrzeichen der Stadt, an dem mehrere Generationen nahezu hundert Jahre lang arbeiteten. Nachdem der Vorgängerbau von 1457 dem Brande erlag, trat bis 1552 ein spätgotischer Neubau als vierjochige Halle an seine Stelle. Großartige gotische Flügelaltäre gingen bis auf den Altarschrein von 1512 verloren. Dieses kostbare Kunstwerk ist 1783 während der barocken Erneuerung, nur weil es nicht mehr als zeitgemäß galt, beseitigt und zerlegt worden. Erich Wiese hat es 1926 als eines der wichtigsten Werke schlesischer Kunst wiederentdeckt, das man häufig in Ausstellungen bewundern konnte.

114 Die evangelische Kirche in HEINZENDORF bei Guhrau mag als Beispiel dafür dienen, daß die sich zur evangelischen Konfession bekennenden Schlesier im kleinsten Dorf ihr Gotteshaus haben wollten und womöglich auch ihren Pastor. Das geschah oft in Ermangelung der notwendigen Geldmittel unter persönlichem Einsatz. Auf kunstvolle Ausschmückung wollte man dennoch zum Lobe Gottes nicht verzichten. An der Kanzel über dem Altar sowie den Ausmalungen mit Motiven der biblischen Geschichte an den Außenwänden der Empore und dem über dem Taufstein schwebenden Engel wurde nicht gespart.

115 Vor der evangelischen Kirche in GIMMEL ist der Metallsarg des Christoph von Portugal aufgestellt, 1574 geboren und 1616 verstorben, daneben der Metallsarg eines Kindes, der Helene Juliana von Wengierski, die 1630 im Jahr ihrer Geburt verstarb. Einige Worte der Inschrift am Sarg des Herrn von Portugal sind zu entziffern und legen Zeugnis von seinem großen Vertrauen in die Güte Gottes ab: meist Zitate aus der Bibel, welche dem Verstorbenen zu Lebzeiten schon als Leitgedanken etwas bedeutet haben. Aus der Inschrift am Kindersarg geht hervor, daß es sich hier um die Tochter des Christoph von Wengiersch auf Gimmel handelt, wohl der Standesherr des Ortes. Beide Sargdeckel ziert ein Kruzifix. Die medaillenähnlichen Embleme auf dem großen Sargdeckel sind aufgesetzt und zeigen die Familienwappen der Vorfahren des Verstorbenen. Die Schrift ist in all den Jahrhunderten immer wieder erneuert worden. Beim Anblick der beiden Särge, hier an dem mit Efeu umwachsenen Baum aufgerichtet, fragt man sich, warum sie nicht mehr an dem ursprünglichen Ort stehen.

116 Wo Schloß TRACHENBERG steht, erhob sich ursprünglich eine 1375 erstmals erwähnte Burg. Noch im Dreißigjährigen Krieg war sie eine stark umkämpfte Wasserfestung; nach Abtragung der Werke blieb nur ein Wohnturm aus dem 16. Jh. erhalten. Im „Trachenberger Protokoll" von 1813 legten Kaiser Alexander von Rußland, König Friedrich Wilhelm III., Kronprinz Karl Johann Bernadotte von Schweden und der österreichische Botschafter Graf Stadion den Feldzug gegen Napoleon fest. Die bekanntesten hier geborenen Persönlichkeiten sind der Breslauer Dompropst Graf Gotthard von Schaffgotsch (1629), der Domherr Graf Anton Lothar von Hatzfeld-Gleichen (1682) und Fürst Hermann von Hatzfeld (1848); dieser war zunächst Politiker und Diplomat, von 1894 bis 1903 Oberpräsident Schlesiens. Herzog Heinrich III. von Schlesien ließ die Stadt mit Gründungsurkunde vom 12. Mai 1253 bei der Mündung der Schätzke in die Bartsch nach Goldberg-Löwenberger Recht mit 50 fränkischen Hufen anlegen. Stadt und Burg waren Jahrhunderte hindurch Bollwerk in den schlesisch-polnischen Grenzfehden.

117 Schloß Trachenberg wurde zwischen 1683 und 1765 von Carlo Rossi, Christoph Hackner und Carl Gotthard Langhans im Auftrag der Grafen von Hatzfeld errichtet; 1741 in den Fürstenstand erhoben. Der so eindrucksvoll gestaltete FESTSAAL im Stil des Rokoko entstand in der Zeit von 1762 bis 1765, wo Langhans hier tätig gewesen war. Die Stuckarbeiten führte Johann Peter Echtler aus Steingaden 1764/65 aus. Nach der Abtragung der Festungswerke ließ Graf Hermann Hatzfeld 1672 einen später vielbeachteten Park anlegen; lediglich der Turm „Maria Trauenburg", 13. Jh., erinnert an die einstige Festung.

118 Der Grenzkreis Militsch-Trachenberg erlangte durch seine Fischzucht Berühmtheit. Unterhalb Sulau weitet sich das Tal der Bartsch zu einem seenartigen Becken mit mehreren, großenteils zusammenhängenden Teichen mit bedeutender Karpfenzucht aus. Jährlich erntete man hier viele tausend Zentner Fische. Den Fischern im Grabofnitzeteich in BUCHENDORF, die mit ihren überlangen Gummistiefeln im Teichwasser stehen, kann man hier beim Auskäschern zuschauen. Das überreiche Fanggut — vielleicht Weihnachtskarpfen? — leeren sie in bereitgestellte Holzbottiche; Arbeiter sortieren und tragen es weg.

119 In der Gruftkapelle der katholischen Pfarrkirche in PRAUSNITZ steht dieser Marmorsarkophag für den 1658 in kaiserlichen Diensten verstorbenen Feldmarschall Melchior von Hatzfeld, geschaffen von Achilles Kern. Seit 1492 gehörte Prausnitz zur Freien Standesherrschaft Trachenberg, die der Kaiser 1641 einem General für treue Dienste verliehen hatte; gleichzeitig erhob er ihn in den Grafenstand, später nahm Friedrich der Große den regierenden Grafen in den Fürstenstand auf. Rings um die Grabplatte wird in lateinischer Schrift der Schlachtenruhm des Reiterführers kundgetan. Die Alabastertafeln um den Sarkophag schildern Episoden aus seinem Kriegerleben. Die Füße ruhen auf seinem Wappenschild, hinter dem ein Hundekopf hervorlugt. Prausnitz wurde 1287 als deutsche Stadt gegründet und mit Stadtmauern und drei Stadttoren ausgestattet. Jahrhunderte hindurch war es ein Gewerbezentrum und zählte 1605 etwa 144 Handwerkerfamilien; Textilgewerbe und (im 19. Jh.) Schuhmacherei dominierten. Rathaus (16. Jh.) und Pfarrkirche (15. Jh.) sind Sehenswürdigkeiten.

120 Unter der Last des Daches droht anscheinend dieses Rieddachhaus in GRENZHAMMER bei Groß Wartenberg einzustürzen. Die völlige Abgeschiedenheit an der Grenze zu Polen wird nahezu spürbar. Selbst die äußerst schlichte Bauweise scheint eher für das östliche Nachbarland als für Schlesien typisch zu sein. Das mit Schilf gedeckte Dach, wozu die Teiche dieser Gegend unerschöpfliches Material liefern, der mit Brettern zugedeckte Brunnen sowie das für den Wasservorrat gedachte lange Faß auf dem Gestell deuten auf ein kärgliches Leben der Bewohner, die ihr Holz von überall her zusammentragen.

121 Auf der Nordwestseite des Turmes der Klosterkirche in TREBNITZ wurde 1935 das abgebildete Tympanon aus der ersten Bauzeit freigelegt; der zitherspielende König David vor der auf dem Thron sitzenden Königin Bethsabe. Vom Seitenportal, das vom Hauptchor zur Hedwigskapelle führt, ist ein Tympanon mit der Krönung Mariens erhalten. Während der Bauzeit der Kirche wurde 1223 die Tochter der Herzogin Äbtissin; die fromme Mutter siedelte selbst in das Kloster über, wo sie 1243 starb und ihre letzte Ruhe fand. Papst Klemens IX. sprach sie 1267 heilig. Im Osten der Kirche errichtete man eine gotische Kapelle, in der später die Gebeine der Heiligen beigesetzt wurden. Das neue Bauprogramm gedieh jedoch nicht über diesen frühgotischen Anfang hinaus. 1680 stiftete die Äbtissin Katharina Gräfin Wyrbna-Pawlowska das prunkvolle Marmorgrab der hl. Hedwig; 1697 legte die Äbtissin Christina I. den Grundstein zur Erneuerung des Klostergebäudes. Die gotische Grundstruktur des Kirchenraumes blieb bei der prunkvollen Barockisierung durch Franz Josef Mangold unter der Äbtissin Margareta Wostrowska erhalten.

122 Seit 1203 ist die Klosterkirche in Trebnitz als basilikale dreischiffige Kirchenanlage mit Querbau und Krypta entstanden. Die Ostpartie zeigt mit ihrem Abschluß durch drei Halbkreisapsiden noch nicht den zisterziensischen Bautyp an. Fränkische Benediktinerinnen wurden erst 1218 in den Zisterzienserorden aufgenommen, die Visitation wurde dem jeweiligen Abt von Leubus übertragen. 1219 waren mehrere Bischöfe zur Einweihung des bis dahin fertigen Teils der Kirche und des Klosters gekommen. Der Weiterbau vollzog sich nach zisterziensischer Regel nach Westen turmlos. Die drei Portale mit Vorhalle ziert plastischer Schmuck eines marianischen Programms. Das zeigt Werkstattzusammenhänge mit der Provence, ein Beweis für die engen Verklammerungen solcher Ordensniederlassungen mit ihren Ausgangsgebieten. Hier ein Teil des QUERHAUSES in seiner gotisch geprägten Bauform mit einigen während der Barockisierung entstandenen Seitenaltären und Beichtzellen. Im Südkreuzflügel kann man die von Franz Joseph Mangold im Jahre 1754 geschaffene, reich mit Stuck ornamentierte Nonnenempore bewundern.

123 Die Klosterkirche, Wallfahrtskirche und ältestes Gotteshaus Schlesiens, überragt das in einem flachen Tal des Katzengebirges liegende Städtchen Trebnitz. Herzogin Hedwig, Tochter des Grafen Berthold IV. von Andechs, Herzog von Meran, kam in sehr jungen Jahren als Gemahlin des schlesischen Piasten Heinrich I. in das damals noch sehr unwirtliche Land. Um die Sehnsucht nach ihrer schönen Heimat zu mildern und ihre Einsamkeit in fremder Umgebung weniger fühlbar werden zu lassen, aber auch im Zuge seiner Kolonisierungsbestrebungen, berief Herzog Heinrich 1202 Benediktinerinnen aus dem Theodorkloster in Bamberg in sein Land. Er schenkte ihnen 1203 sein Erbgut Trebnitz und erhob diesen Ort zum Marktflecken. Äbtissin dieses ersten Frauenklosters in Schlesien wurde Petrussa, Hedwigs ehemalige Erzieherin in Kitzingen. Die Bauarbeiten führten die Mönche des Klosters Leubus aus. Durch mehrere Jahrhunderte hindurch waren Prinzessinnen des Piastenhauses Äbtissinnen. Hier die KRYPTA. Ein schmiedeeisernes Gitter schließt die Johanniskapelle an der Nordseite des Chors ab.

124 OELS als Ansiedlung wird erstmals 1189 erwähnt; es ist eine der ältesten schlesischen Städte nach deutschem Stadtrecht (1255). Um einen rechteckigen Ring hat man die Stadt planmäßig angelegt. Zunächst zum Fürstentum Breslau gehörend, wird es 1309 Sitz der Piasten, danach von 1320 an Residenz Konrads I., und fällt 1495—1647 an das Haus Podiebrad; danach Besitz des Herzogs Sylvius Nimrod von Württemberg, der damit die Linie Württemberg-Oels begründet. 1884 fiel das Fürstentum an die Krone Preußens. Der schon vor 1300 bezeugte Schloßbau wurde zwischen 1558 und 1617 im Renaissancestil neu errichtet, einer der schönsten seiner Art in Schlesien. Prinz Wilhelm von Preußen nahm 1918 seinen Wohnsitz im Schloß, das ihm 1926 der preußische Staat als Privatbesitz zuerkannte. Die spätgotische evangelische Schloßkirche St. Johannes von 1230 mit der Fürstengruftkapelle von 1698 wurde zuletzt 1907—1909 umgebaut. Das Schloß, hier vom Schloßhof aus gesehen, blieb erhalten; die barocke katholische Kirche St. Trinitatis von 1740 mußte man wie auch das Rathaus mit seinem Turm nach 1945 neu aufbauen.

125 Herzog Christian Ulrich von Württemberg-Oels kaufte 1685 den Ort Neudorf von Balthasar Wilhelm von Gaffron. Dort ließ er von 1685 bis 1692 ein Lustschloß im Renaissancestil erbauen und einen Ziergarten anlegen. Schloß und Dorf wurden zu Ehren seiner zweiten Gemahlin Sibylla Maria, einer geborenen Prinzessin von Sachsen-Merseburg, SIBYLLENORT benannt. Nachdem das alte Schloß von 1792 und 1805 umgebaut und erweitert worden war, ließ es Herzog Wilhelm II. von Braunschweig 1852—1867 im Tudorstil umgestalten; hier der Mitteltrakt, unverkennbar in seinem Erscheinungsbild.

126 Die Majoratsherrschaft von BRIESE im Kreis Oels entstand 1725 und bestand aus dem Rittergut Briese und sechs weiteren Gütern; um 1900 war es nach dem Thronlehen Oels und der Herrschaft Sibyllenort mit 4639 ha Land, worunter sich ausgedehnte Waldungen befanden, drittgrößter Großgrundbesitz im Landkreis. Das barocke Schloß erbauten um 1725 italienische Baumeister unter den Grafen Carl Christian und Joachim Wenzel von Kospoth, zwei Brüdern. In den gleichzeitig angelegten Park mit alten Baumbeständen führt das eindrucksvoll gestaltete Parktor. Die Wege dieser sehenswerten Anlage hat man mit Vasen und Figuren eingefaßt, die zu den besten Leistungen schlesischer Gartenplastik gehören. Die im Barockstil um 1735 durch Graf Promnitz, den zweiten Gatten der Erbin Carl Christians, erbaute evangelische Kirche besitzt einen Kreuzgrundriß und einen achteckigen Turm. Durch die dritte Heirat der Gräfin Anna Sophie, geb. Gräfin zu Erbach-Breuberg, mit dem bayerischen General Friedrich August Graf von Kospoth blieb der Besitz in der Familie von Kospoth.

127 In SPAHLITZ, Kreis Oels, stehen die beiden langgestreckten, im rechten Winkel zueinander errichteten Fachwerkbauten, die als Scheune oder zur Unterstellung der landwirtschaftlichen Gerätschaften dienten. Es handelt sich um eine auf einem Betonsockel errichtete schlichte Fachwerkbauweise, bei der man womöglich die Zwischenfelder mit Flechtwerk und Lehm ausfüllte, um sie mit Kalk hell anzuweißen. Die Anlage ist mit einem Holzzaun versehen, dahinter befindet sich der Gemüsegarten. Die Bauten zeugen von der Fruchtbarkeit der heimatlichen Erde, wo die Bauern es verstanden, gut zu wirtschaften.

128 Über die DOM- und SANDINSEL von Breslau führte schon im Mittelalter einer der wichtigsten Oderübergänge. Der zweitürmige Dom ist eine dreischiffige Basilika, an die mehrere Kapellen mit gediegener Barockausstattung angebaut sind. Links davon steht das fürstbischöfliche Palais, rechts erblickt man die spitztürmige Kreuzkirche. Links oben liegt der Neumarkt, rechts davon ragt auf der Sandinsel die „Marienkirche auf dem Sande" auf; sie gehörte zu der um 1150 gestifteten Augustiner-Chorherren-Abtei. Der gotische dreischiffige Backsteinbau entstand nach 1339 ohne Querschiff mit zwei Westtürmen.

129 Bereits im Jahre 1000 war Breslau Bischofssitz; daran erkennt man das Alter der Hauptstadt Schlesiens. Vor dem Einfall der Mongolen besaß sie neben der um 1234 erbauten wallonischen Mauritiuskirche bereits eine deutsche Ansiedlung; beide wurden 1241 niedergebrannt. Nach der allgemeinen Verwüstung regten sich auch in Breslau die Hände zum Wiederaufbau. Weitere Kolonistenströme kamen ins Land. Auf dem linken Oderufer entstand eine neue deutsche Ansiedlung, die 1261 Magdeburger Stadtrecht erhielt. Auf unserem Bild erscheint der weitläufige RING mit dem großartigen Rathaus in der Mitte.

130 Urkundlich erwähnt wird das Breslauer RATHAUS erstmals 1299. Das hier sichtbare Gebäude stammt allerdings aus spätgotischer Zeit und ist eine der wertvollsten mittelalterlichen Profanbauten Deutschlands. Dargestellt ist die von dem 68 m hohen Turm überragte Ostseite. Das einfache, fast winzig wirkende Hauptportal bekrönt ein Spitzbogenfeld. Etwas rechts oberhalb ragt der Kapellenerker aus der Wand. Die flankierenden Nordost- und Südostgiebel lassen durch ihre Schlichtheit die verschwenderische Pracht des Mittelgiebels und der turmähnlichen Erker mit monumentalen Figuren hervortreten.

131 Im GERICHTSSAAL des Breslauer Rathauses ruhen vier Kreuzgewölbe auf der Mittelsäule. Von hier blickt man in die alte Ratsstube, wo sich früher acht Ratsmannen mit vier angestellten Schreibern berieten. Auf dem Vogteistein an der Treppe des Osteingangs hält als Wahrzeichen städtischer Gerichtsbarkeit der Geharnischte Wacht mit Spieß und blankem Schwert. Die Rechtsrose über dem Haupt trägt die Inschrift: „Ich bin des rats gewapnet man wer mich anfast der mus ein swert han." Der erlesenste Raum jedoch ist der mit Netzgewölbe und Ausmalungen geschmückte „Fürstensaal", der von 1343 bis 1357 entstand.

132 Der hier abgebildete Trakt des Breslauer SCHLOSSES entstand 1846 nach Plänen von Stüler am Exerzierplatz. Den ältesten Teil hinter dem späteren eigentlichen Schloß bildete der Mittelbau, von dem ein Teil des Dachs hervorragt. Um 1719 hatte ihn Blasius Peintner als bescheidenes Adelspalais für die Freiherren von Spaetgen errichtet. Friedrich der Große erwarb ihn 1750. Der klassizistische Querbau zum Schloßplatz entstand unter Carl Gotthard Langhans 1796/97; Flügel und Kolonnaden des Ehrenhofes kamen 1858 bis 1863 hinzu. Daneben die reformierte Schloßkirche, 1747—50 erbaut von Kalkbrenner.

133 Am Königsplatz in Breslau sprudelt der BISMARCK-BRUNNEN vor der Börse. Dahinter wird der Turm der Barbarakirche sichtbar. Die Nikolaistraße, vom Nikolaitor herkommend, und die Reuschestraße trafen sich hier. Die evangelische Barbarakirche geht auf eine Zunftkapelle zurück, die außerhalb des Mauerringes im Westen der Stadt als Filialkapelle von St. Elisabeth gegründet und der hl. Barbara geweiht wurde. Erst durch die Ausdehnung der Stadt über den Ohlering hinaus wurde sie in die erweiterte Befestigung einbezogen. Diesem Umstand verdankte sie wohl ihren Ausbau im 14. Jh.; um 1400 folgten die kurzen Seitenschiffe, um 1465 der Chor. Die Bürgerbrüderschaft St. Barbara, gegründet im 15. Jh., machte es sich zur Aufgabe, ihren Angehörigen ein feierliches Begräbnis zu veranstalten. Viele Adels-, Rats- und Stadtgeschlechter wählten nun die Kirche als Begräbnisstätte. Von den Zünften unterhielten die Weißgerber zu ihr enge Verbindungen, außerdem Tuchmacher, Seifensieder und Kretschmer. Das kostbarste Ausstattungsstück, der Barbara-Altar, gelangte ins Kunstgewerbemuseum.

134 Die UNIVERSITÄT, größter und schönster Barockbau der Stadt, zieht sich in ihrer ganzen Ausdehnung längs der Oder hin. Ihren Platz hat sie dort gefunden, wo einst „des Kaisers Burg" die niedrigen Häuser der Stadt überragte. 1671 schenkte Kaiser Leopold I. seine wohl erheblich baufällige Burg den Jesuiten, die hier in der Zeit von 1728 bis 1739 ein Kollegium erbauten. Nach der Verstaatlichung kirchlicher Güter vereinigte sich die Breslauer Jesuitenschule mit der Universität Frankfurt/Oder zur neuen Schlesischen Friedrich-Wilhelms-Universität; sie fand in den Räumen des Kollegiums Unterkunft.

135 Die AULA LEOPOLDINA, Festsaal der Universität, ist berühmt wegen ihrer prächtigen Innenausstattung. Spätbarocker Formenreichtum und künstlerische Phantasie schufen seit 1728 ein repräsentatives Beispiel der Baukunst auf schlesischem Boden (Johann B. Peintner, Joseph Frisch). Den plastischen Schmuck führte Franz Joseph Mangold 1731/32 aus. Das farbenfreudige Deckenfresko und die Wandgemälde hat der Olmützer Johann Christoph Handke geschaffen. Die Büste Kaiser Leopolds I. schmückt die Stirnwand. Kaum eine deutsche Universität besitzt einen vergleichbar ausgestalteten Festraum.

136 Die DOMINSEL, einst vollständig von Wasser umgeben, ist die älteste Keimzelle des geistlichen Bischofbereichs in Schlesien. Vom Dom des Bischofs Walther (seit 1158), eingeweiht durch Bischof Siroslaus, verwendete man nur Reste. Er hatte zwei hölzerne Vorgängerbauten, eine Kirche des Herzogs Boleslaus von Böhmen (935—972), und den Hieronymus-Dom (zwischen 1051 und 1069). Das Langhaus mit Chor fällt in das 14. Jh. Um 1580 waren Türme, Westvorhalle und Kapellen vollendet. Die den Türmen 1556 aufgesetzten Renaissancehelme wurden 1580 und 1669 erneuert; 1759 durch Brand vernichtet. 1992 erhielten die Türme zwei neue Spitzen. Neben dem von Bischof von Pogarell 1354 bis 1361 erbauten Kleinchor nehmen sich zwei prunkvolle Barockkapellen zwischen den gotischen Architekturformen fremdartig aus: Die linke ließ Kardinal Friedrich von Hessen als Grabkapelle erbauen und widmete sie seiner Ahnherrin, der hl. Elisabeth; nach einem Entwurf Fischer von Erlachs ist die rechte Kapelle für Fürstbischof Franz Ludwig von Pfalz-Neuburg errichtet worden.

137 Der Hohe Chor im DOM ZU ST. JOHANNES in Breslau geht in die Regierungszeit der Bischöfe Thomas I. und Thomas II. (1244 bis 1272) zurück. Der von Bischof Jerin gestiftete Hochaltar, 1591 eingeweiht, überstand glücklicherweise als älteres Kunstwerk die Gegenreformation. Das Altarwerk aus Eichenholz gilt als bedeutendstes Denkmal des Renaissancehandwerks in Form gotischer Flügelaltäre. Ende des 17. Jh. ließ Fürstbischof Friedrich von Hessen die gotische Ausstattung systematisch barockisieren. Die Chorschranke wurde mit den vier vergoldeten Figuren der Kirchenlehrer abgeteilt. Nach dem Vorbild der Klosterkirchen der Zisterzienser ist der geradlinig abschließende Innenchor von einem Umgang mit zwei niedrigen Türmen an den Ecken umgeben. Die Vorhalle des Domes im Westen fügte man Ende des 15. Jh. an. Mit seinem reichgeschnitzten Flachrelief gehört das Tor von 1676 zu den schönsten Arbeiten dieser Art in Schlesien. Die zweitürmig angelegte Kreuzkirche auf der Dominsel ist ein kreuzförmig errichteter gotischer Backsteinbau.

138 Auf dem JUDENFRIEDHOF in Breslau erinnert dieses Grabdenkmal an Ferdinand Lassal, Sohn eines wohlhabenden Breslauer Tuchhändlers. Lassal ist einer der frühesten Theoretiker und Organisatoren der deutschen Arbeiterbewegung und ein nicht unbedeutender Philosoph aus dem Umkreis der Berliner Hegelianer. Als Schriftsteller verfaßte er das Bauernkriegsdrama „Franz von Sickingen". Sein auf die Philosophie Hegels konzentriertes Studium brach Lassal 1846 ab, um Sophie Gräfin Hatzfeldt in ihrem über Jahre sich hinziehenden Scheidungsprozeß zu vertreten. In der Revolution von 1848/49 stand er an der Seite der rheinischen Demokraten. Seit 1856 widmete Lassal sich seinen politischen, philosophischen und literarischen Schriften; in seinen letzten beiden Lebensjahren leitete er den Allgemeinen deutschen Arbeiterverein (ADAV) und half damit, die sozialen Fragen seiner Zeit zu lösen. Er war — so 1883 die „Allgemeine Deutsche Biographie" — eine der gerade in ihren Widersprüchen und ihrer Maßlosigkeit „interessantesten Figuren dieses Jahrhunderts". Lassal ist an den Folgen einer im Duell erlittenen Verletzung gestorben.

139 Mit der Oderregulierung begann man 1844. Die Strombauverwaltung, 1870 ins Leben gerufen, nahm ihren Sitz in Breslau. Sie leitete den Bau zweier SCHIFFAHRTSWEGE zur Umgehung der Stadt in die Wege; 1895 bis 1897 entstand der erste, 1912 bis 1917 der zweite Kanal. Hierdurch, mit der Industrialisierung Oberschlesiens und mit dem Ausbau des Gleiwitzer Kanals wurde die Oder Großschiffahrtsweg. Breslau erhielt 1901 einen Oderhafen. Schlesiens Verkehrslage war damit entscheidend verbessert. Hier gleiten mit Kohle und anderem Frachtgut beladene Kähne und Schlepper auf dem Wasser eines Kanals.

140 Die einstige Brauerei und Käserei in Groß Tinz diente als JUGENDHERBERGE. Anfang dieses Jahrhunderts begann man solche Unterkunftsstätten für die wandernde Jugend zu schaffen, die in der Freizeit der zunehmenden Mechanisierung der Arbeitswelt zu entfliehen suchte. Jugendbewegungen wie der „Wandervogel" weckten das Interesse für das Erlebnis der heimatlichen Landschaft und ihrer Geschichte und förderten die Wiederbelebung von Volkslied, Volkstanz, Volksmusik und Brauchtum in der kleinen Gemeinschaft, deren Form schließlich die Arbeiterjugend, obwohl anders motiviert, übernahm.

141 Das Gasthaus ZUM GERICHTSKRETSCHAM in Rößlingen, früher Koberwitz, bei Breslau stammt aus dem 18. Jh. Der Dorfschulze vertrat als Vorsteher des Dorfes die Rechte der Bauern gegenüber der Grundherrschaft, mußte aber auch deren Forderungen einziehen, so den Hufezins. Weil er die niedere Gerichtsbarkeit ausübte, nannte man ihn auch den Gerichtsscholzen, der außerdem die Einhaltung der gewerblichen Rechte überwachte. Im Gerichtskretscham wurde mancher anstehende Handel abgeschlossen. Hier tagten die Vereine, die im Saalanbau und im Wirtsgarten vor dem Hause ihre Feste feierten.

142 Im Park des Schlosses ALTENRODE bei Breslau steht eine Staupsäule. Längst hat sie ausgedient, ein zurückgebliebener steinerner Zeuge mittelalterlicher Rechtsausübung. Steindenkmäler dieser Art waren selten geworden. Das verwitterte Exemplar steht versteckt zwischen Buschwerk unter Bäumen des Parks und ist nicht leicht zu finden. Diese Säulen dienten nicht nur der Züchtigung armer Sünder; sie waren ein Zeichen der Gerichtshoheit. Jede Stadt, die etwas auf sich hielt, und jeder Standesherr versuchten, die Obergerichte in ihrem Bezirk, die ursprünglich den Herzögen zustanden, an sich zu bringen. Als nicht zu übersehendes Zeichen für dieses Recht wurde ein Pranger aufgestellt. In Schlesien waren noch zwölf feststellbar, die schönsten in Breslau, Kostenblut und Rogau. An der imposanten Säule von 1492 vor dem Rathaus in Breslau fand die letzte Stäupung 1771 statt. Schloß und Herrschaft Altenrode, vordem Gnichwitz, gehörten seit 1566 den Grafen Saurma-Jeltsch. Die Parkanlagen gehen auf das 19. Jh. zurück.

143 Im Schloßpark von KAPSDORF erhebt sich das klassizistische Grabdenkmal für den 1835 verstorbenen Heinrich Freiherr von Zedlitz, Sohn des Geheimen preußischen Staats- und Justizministers Abraham von Zedlitz und seiner Gemahlin Wilhelmine von Schickfuß. Das Schloß selbst ziert ein bemerkenswertes barockes Hauptportal. Die Schloßräume und deren Einrichtung zeugen von gepflegter Wohnkultur und geistiger Aufgeschlossenheit dieser Landadelsfamilie. Der Umbau von 1845 veränderte vieles. Ein französischer Garten auf der Südseite und ein typisch englischer Park gehörten zur großräumigen Anlage.

144 Schloß OHLAU fußt auf einem mittelalterlichen Bau der Brieger Piasten von 1588; eine Wetterfahne bezeugt es. Im 17. Jh. baute es der italienische Baumeister Bernhard Niuron im Barockstil zu einer trapezförmigen Anlage um, die man in die Stadtbefestigung einbezog. Vom gotischen Bau blieb ein quadratischer Torturm erhalten. Wappen zieren das Barockportal. Als der Christianbau baufällig wurde, trat an seine Stelle zu Beginn des vorigen Jahrhunderts nach Plänen Schinkels die katholische Peter-und-Paul-Kirche. Nach einem Brand entstand sie 1927 neu. An Kaiser Wilhelm I. soll das Denkmal erinnern.

145 In HEIDAU, Kreis Ohlau, befindet sich diese kleine evangelische Kirche; ihr Chorraum ragt steil auf, ein kleiner Glockenturm ist aufgesetzt. An die linke Seite dürfte die Sakristei angebaut sein, deren Dach in das andere übergeht. Während diese Einheit aus Backstein besteht, fügte man einen bescheidenen Fachwerkanbau hinzu, der als Kirchenschiff dient. Nach einem vorangegangenen Brande hatten wohl die Mittel nicht weiter gereicht. Den Innenraum zieren schlichte Ausmalungen. Hinter der festgefügten, wehrhaft anmutenden Mauer befindet sich der Friedhof der Dorfgemeinde mit alten Bäumen.

146 Den Grundstein zum Schloßbau in BRIEG legte Herzog Friedrich II., der die Reformation eingeführt hatte, 1544; Herzog Georg II. brachte ihn weiter voran. Unter der Leitung der oberitalienischen Baumeister Jakob Pahr und Bernhard Niuron wurde das Brieger Schloß nach Worten Günther Grundmanns „das reichste und durchgebildetste Beispiel der Renaissance im deutschen Osten". Vier dreigeschossige Flügel gruppieren sich um einen fast quadratischen Hof. Der besterhaltene Schloßteil ist das reich verzierte Portal, dessen Ausstattung immer wieder gerühmt wird. Es entstand 1553 nach oberitalienischen Vorbildern im Rahmen des großzügigen Schloßausbaus in der Zeit von 1547 bis 1584. Die Gestalten Georgs II. und seiner Gemahlin Barbara von Brandenburg stehen über der großen Einfahrt und der kleinen Pforte, vermutlich ein Werk des sächsischen Bildhauers Walter. Rechts und links erblickt man das Brieger und Brandenburger Stadtwappen. Den Erbvertrag von 1537 nahm Friedrich der Große 1740 zum Anlaß für seinen Anspruch auf Schlesien. 1741 wurde schon einmal das Schloß zerstört.

147 In der Schloß- oder HEDWIGSKIRCHE in Brieg sieht man vom Orgelchor aus in den Altarraum, wo sieben kostbare Metallsärge in der Familiengruft der Piasten stehen. Schon 1360 ist eine Schenkung Herzog Ludwigs I. zur Erbauung einer Schloßkapelle bezeugt, die der Breslauer Bischof Przeslaus 1368 mit einer Pfründe ausstattete. Als Namensheilige werden 1476 St. Johannes bapt. und die hl. Hedwig genannt. Dieser Zeit gehört der mit drei Seiten des Achtecks geschlossene Chor an, der vor die Renaissancefront des Schlosses erheblich vorspringt. Der anschließende westliche Teil wurde im Jahre 1784 erneuert.

148 An der Ecke Ring-/Wagnerstraße zu BRIEG steht dieses Bürgerhaus, das sich durch seine Schönheit auszeichnet und auf den Kunstsinn seiner Erbauer und der späteren Besitzer hinweist, die sich um seine Erhaltung bemühten: ein Barockhaus aus dem Jahre 1725, dessen Giebel im Stil der Renaissance ausgeschmückt worden ist. Hier überspinnt der frei aus dem Mörtel herausmodellierte Schmuck die gesamte Außenwand. Dadurch kommt der Doppelgiebel deutlicher zur Geltung. Wegen der nicht allzu steilen Dächer konnte man hinter der Giebelwand ein weiteres Stockwerk verbergen. Die am linken Oderufer gelegene Stadt selbst geht auf ein um 1200 an einem Flußübergang bestehendes Fischerdorf „Wisokebrzeg“ zurück. Sie soll um 1250 mit dem gitterförmigen Straßennetz, einem Ring mit Rathaus und einer oval angelegten Stadtmauer begründet worden sein. Von 1311 bis 1675 war Brieg an der Hohen Straße Residenz der Herzöge von Liegnitz und Brieg. Die wichtigsten gotischen Bauten der Stadt entstanden unter Ludwig I. im 14. Jh. Dank der schönen Gärten und Promenaden wurde sie zur „Gartenstadt“.

149 KARLSMARKT bei Brieg war 1336 als „Czachowitz“ gegründet und 1447 „Ketzerdorf“, danach Ketzendorf benannt worden. Zwischen zwei Armen des Stober war eine Grenzburg entstanden. Die ältesten Burgherren waren die Ritter Sambor oder Czambor, Vorfahren der Herren von Tschammer. Auf den Grundmauern der Burg erwuchs im 17. Jh. ein bescheidenes Schloß mit dem mittelalterlichen Turm und einem barocken Einfahrtsflügel, das später als Domänen-Amtshaus diente. Über den schützenden Wassergraben führte eine Holzbrücke als Zugang. Den Ort selbst kaufte Herzog Georg II. von Brieg 1565 und richtete hier neben Brieg und Ohlau ein drittes Domänenamt ein. Nach dem Aussterben der Piasten fiel er 1675 an den Kaiser. Holzhändler und Handwerker ließen sich nieder; deshalb gab Karl VI. dem Dorf 1712 den Namen Karlsmarkt und verlieh ihm das Marktrecht. Es wurde später Umschlagplatz für das in den umliegenden Wäldern geschlagene Holz. An der um 1710 errichteten katholischen Kuratie wirkte (1835—1869) der „Bienenvater“ Dr. Dzierzon als Pfarrer; das „Dzierzon-Haus“ erinnert an ihn.

150 Der Wind treibt diese stattliche, festgefügte Holländer-Windmühle auf einer Anhöhe inmitten von Getreidefeldern in SCHWANOWITZ. Nicht nur die fruchtbare Ackerebene des Odertales, wo es an Wasserläufen zum Betreiben von Mühlen nicht mangelte, entwickelte sich zur Kornkammer. Für die Verarbeitung der ansehnlichen Erträge auf den Höhen des Schlesischen Landrückens bot sich wegen des Wassermangels die freie Lage vorteilhaft zum Betrieb von Windmühlen an; schon um 1300 hörte man von Holländer-Windmühlen, benannt nach den hier siedelnden Flamen, denen sie aus ihrer Heimat her vertraut waren. Das älteste Stadtbuch Guhraus erwähnt bereits um 1400 häufige Verkäufe von Windmühlen im Bereich der Stadt. Dorthin brachten die Polen große Mengen Getreide auf den Markt, das Windmüller billig kauften, vermahlten und als Schrot und Mehl in die Gebirgsgegenden lieferten, im 19. Jh. nach Berlin. Mitunter bewegte sich damals ein Wald von Windmühlenarmen. Nach einer „Sage“ hätten 99 Windmühlen um die Stadt gestanden; die hunderste wäre wiederholt abgebrannt.

151 Für das Jahr 1239 ist in NAMSLAU ein Wirtschaftshof des Herzogs Boleslaus von Liegnitz nachgewiesen. Danach entstanden Burganlage und Burghof. Die um 1249 deutschrechtlich gegründete Stadt trug zunächst den deutschen Namen „Freistadt“, der sich aber nicht durchsetzte. Namslau erstreckte sich am linken Ufer der Weide, ein Nebenfluß der Oder. Im Mittelalter hatten Burg und Stadt Namslau den Schutz der Verkehrswege nach Polen übernommen. Kaiser Karl IV. sorgte für den Ausbau der Befestigungen. Sie sollten ein „Fredeschild for dy Slezie“ sein. Hier hat der Kaiser 1348 mit Kasimir dem Großen von Polen den „Frieden von Namslau“ geschlossen. Bevor der Deutsche Ritterorden 1703 die Burg erwarb, befand sich das Lehen Namslau lange Zeit in der Hand des Breslauer Rates. Später erwarb die Brauerfamilie Haselbach die Burg. Sie ließ im Schatten eines Walnußbaumes im Burghof einen schönen Renaissancebrunnen aufstellen. Die Pfarrkirche St. Peter und Paul von 1278 erhielt ihr spätgotisches Gesicht in Form einer dreischiffigen Hallenkirche zwischen 1405 und 1493.

152 In ROGELMÜHLE bei Namslau stand diese Wassermühle, die schon lange ausgedient haben mag — lediglich eine Idylle an diesem von Bäumen bestandenen Mühlbach. Das Mühlrad ist im Zerfall begriffen und scheint sich von dem unentwegten Drehen über viele Jahre hinweg auszuruhen. Das Gebäude sitzt auf dem für seine Lage am Wasser notwendigen Unterbau aus Ziegelsteinen; an den Aufbauten aus Holz hat der Zahn der Zeit genagt. Die Dacheindeckung hingegen ist intakt und wird das Gehäuse noch eine Weile überleben lassen. Vielleicht betreibt man hier ein Sägegatter? So ist es mancher Mühle ergangen, obwohl man einstmals froh war, ein Gewässer zur Energieerzeugung nutzen zu können. In der Nähe der großen Getreideanbauflächen und einer durch das Wasser begünstigten Lage hatten in Schlesien modernisierte Großmühlen das Rad „in einem kühlen Grunde“ abgelöst. Der Bedarf an Mühlenerzeugnissen war im Industriezeitalter durch das Anwachsen der Bevölkerung in den großen Städten zusehends größer geworden.

153 KREUZBURG/OS, zunächst als „Cruceburch" durch die „Kreuzherren vom Roten Stern" befestigte Marktsiedlung, die von Prag über Breslau in das Stobergebiet kamen, gegründet, liegt an der alten Salzstraße Breslau—Krakau und der Durchbruchsstelle des Stober durch den alten Grenzwald, die Preseka. Als Stadt setzte es Herzog Heinrich III. 1253 mit deutschem Recht aus. Das Rathaus mit dem aufgesetzten Türmchen besitzt einen kurzen Laubengang. Für den bekanntesten Sohn dieser Stadt, Gustav Freytag, hatte man einen Brunnen aufgestellt. Von der Doppelreihe kleiner barocker Giebelhäuser auf dem Ring, die „Zwölf Apostel", sind nach dem Brand von 1925 nur vier verblieben; zwei hier neben dem Rathaus. Der Hussitenführer Puchala errichtete 1430 in der Stadt einen Stützpunkt. Die später evangelische Kirche St. Salvator geht auf das Jahr 1298 zurück; 1796 erneuert. Die neue katholische Pfarrkirche St. Peter und Paul entstand 1911 bis 1913. Die günstige Verkehrslage zog Industrie an: eine Zukker-, eine Dachpappenfabrik und Maschinenfabriken.

154 Unweit Kreuzburg und in der Nähe der Grenze zu Polen breitet sich das von deutschen Siedlern um 1228 gegründete PITSCHEN aus; als Stadt erstmalig im Jahre 1268 erwähnt. Zu der noch erhaltenen Stadtmauer gehören zwei Tore. Neben der evangelischen gotischen Nikolauskirche, 14. Jh., besaß die Stadt eine barocke katholische Dreifaltigkeitskirche von 1767 (rechts im Bild), die auf das Jahr 1283 zurückgeht. Das Rathaus (Bild Mitte) ist ein barock-klassizistischer Bau von 1757. Pitschen war eine kleine Handwerkerstadt. Die Nähe zur polnischen Grenze förderte vornehmlich Handel, Handwerk und das Brauwesen.

155 ROSENBERG/OS, nahe der Stoberquelle, wurde als deutschrechtliche Stadt 1267 begründet. Im Altstadtgebiet fand man bronze- und früheisenzeitliche sowie wandalische Funde des ersten nachchristlichen Jh., jedoch bisher keine slawischen. Auf dem großen Ring steht das Rathaus von 1880 mit der Säulenfront, davor die mit einem Eisenzaun umfriedete Nepomuksäule. Die alte herzogliche Burg hat man 1826 wieder aufgebaut; sie beherbergte später die katholische Pfarrei. Die bereits 1226 geweihte und im Burggelände gelegene St. Michaelskirche wurde 1353 Propsteikirche. Nach Bränden ist sie wiederholt umgebaut worden; letzte bauliche Ausgestaltung im 19. Jh. Ihr Turm entstand 1856. Die ursprünglich aus Holz erbauten Bürgerhäuser boten zahlreichen Stadtbränden Nahrung. Die bereits 1226 zu erkennende Bedeutung Rosenbergs für Handel und Wirtschaft blieb in den folgenden Jahrhunderten erhalten. Einfuhrwaren aus Polen waren Wolle, Talg, Honig, Leder und Pferde; ausgeführt wurden Weberei-, Tuch- und Hutmacherwaren. Später kamen Maschinen- und Zementfabriken, Kalköfen und Ziegeleien in die Stadt.

156 Die weithin bekannte Schrotholzkirche ST. ANNA in Rosenberg liegt vor der Stadt an der Straße nach Landsberg. Sie geht auf das Jahr 1518 zurück; 1668 kamen der sternförmige Anbau von fünf Kapellen und im Jahre 1707 die Sakristei hinzu. Besitzt sie als Wallfahrtsort eine gewisse Bedeutung, so ist es nicht weniger ihre eigenwillige Bauweise, die immer wieder die Besucher anzieht: eine zimmermannsgerechte Phantasieleistung und gleichermaßen technisch gekonnt wie künstlerisch naiv. Der Gleiwitzer Zimmermeister Sempek vollbrachte damit ein wahres Meisterwerk, das die Besucher gerne im Bild festhielten.

157 Das Rathaus von OPPELN, ein Bau von 1824, dessen Turm alles überragt, geht auf das alte deutsche Kaufhaus von 1308 zurück. Links im Bild ist eine Giebelseite der Franziskanerkirche zur Hl. Dreifaltigkeit mit dem daran anschließenden Kloster aus dem 14. Jh. zu erkennen. Im Hintergrund wird die doppeltürmige Kreuzkirche, 14. Jh., sichtbar. Oppeln, auch als „Grüne Brückenstadt" bekannt, war seit 1919 Hauptstadt der Provinz Oberschlesien. Von 1819 an brach man die Tore der mittelalterlichen Befestigung ab und errichtete 1830 auf dem freien Platz öffentliche Gebäude, so das der Bezirksregierung.

158 Bereits im 10. Jh. wird Oppeln, Gauhauptburg der „Opolanen", einem slawischen Stamm, erwähnt. Die Stadt gehörte seit 1163 zunächst zum schlesischen Teilstaat Breslau und kam 1202 an Ratibor. Vor 1217 berief Kasimir Gäste, „hospites", in die Stadt, denen er die Schenken des Marktes und besondere Freiheitsrechte verlieh. Die deutsche Stadtgründung erfolgte 1217; seit 1327 gilt Neumarkter, von 1410 an Magdeburger Recht. Das Herzogtum Oppeln gehörte von 1327 an zum Königreich Böhmen, kam 1526 an Habsburg, wurde 1742 preußisch und war seit 1816 Regierungshauptstadt. Den Mittelpunkt der Stadt bildet ein nahezu quadratischer Ring. Die von der Stadtmauer umgebene Fläche betrug 16 ha, auf der nach abgeschlossenem Ausbau 250 Bürgerhäuser standen. Die katholische STADTPFARRKIRCHE zum Hl. Kreuz ist eine dreischiffige Hallenkirche aus der Mitte des 15. Jh. Die Franziskanerkirche wurde 1811 der evangelischen Gemeinde überlassen. Die heutige Dominikanerkirche stammt aus dem 14./15. Jh. Das Leben bestimmten Handel, Handwerk, Verwaltung, Industrie. Hans Niekrawietz ist hier geboren.

159 Der VIERECKTURM an der Stadtmauer in Oppeln ist der Rest des sogenannten Bergschlosses im Osten der Stadt. Die Anlage wurde um 1380 erbaut und ist im 17. Jh. mit Ausnahme dieses Turmes verfallen. Sie befand sich nahe am Berg- oder Groschowitzer Tor. 1669 schenkte Kaiser Leopold I. von Österreich das Gelände den Jesuiten, die hier ihre Residenz und das Gymnasium erbauten. Das Inselschloß der Piastenherzöge auf der Oderinsel mit einem gotischen Rundturm stammt aus der Zeit um 1300. Nach 1650 diente es als Amtshaus; 1928 bis 1930 abgerissen. Nur der Rundturm blieb erhalten. Schon aus der frühen Zeit ist die altpolnische Stadt Oppeln bekannt. Bei Erdarbeiten zwischen 1930 und 1933 fand man auf der „Ostrowek“ genannten Nordspitze der Oppeln gegenüberliegenden Oderinsel Pascheka unter den Fundamenten des alten Piastenschlosses Reste einer altslawischen Stadt (9. bis in das 13. Jh.). Sie lassen eine Bevölkerung von Handwerkern und Kaufleuten erkennen mit weit über das dörfliche Maß hinausgehenden Leistungen. Hier ließe sich ein Vergleich zum deutschrechtlichen Städtebau anstellen.

160 Den günstigen Verkehrsmöglichkeiten verdankte Oppeln die industrielle Nutzung seiner Kalksteinlager. 1857 entstand die erste Portlandzementfabrik. Schon 1925 gab es acht solcher Werke, die zeitweise den osteuropäischen Markt beherrschten. Auf diesen Rohstoffen fußte auch die Kunststeinerzeugung. Einige davon mit ihren zum Teil qualmenden Schloten erblickt man hier vom ODERUFER her. Die „Oberschlesische Eisenbahn“ erreichte 1843 von Breslau her die Stadt und beeinflußte ihre wirtschaftliche Entwicklung. Handelshafen und Industrie trugen ihren Teil dazu bei. Die Bevölkerung nahm erheblich zu.

161 Am Nordrand der oberschlesischen Lößzone zur linken Seite der Oder und in Mündungsnähe der Hotzenplotz an der Straße Oppeln — Ratibor breitet sich KRAPPITZ aus, das oft Brände heimsuchten. Der zunächst dörflichen Siedlung aus dem 13. Jh. verlieh 1294 Herzog Boleslaw I. von Oppeln Neumarkter Stadtrecht, angelegt nach zeitgemäßen Plänen mit einem viereckigen Ring, einer Stadtbefestigung mit Toren (Neustädter, Coseler, Oppelner Tor). Die schon 1330 nachgewiesene Kirche St. Nikolai an der Stadtmauer neben dem Barockschloß von 1678 ist in ihrer heutigen gotischen Form um 1400 entstanden.

162 In CARLSRUHE/OS ließ Herzog Karl Christian Erdmann von Württemberg-Oels 1748 einen Tiergarten anlegen und daneben im Schnittpunkt von acht sternförmig zusammenlaufenden Alleen 1749 zunächst ein hölzernes Jagdschloß; nach einem Brand 1752/53 als Steinbau wieder errichtet. Danach entstand um diesen Mittelpunkt ein Residenzort, der mit Namen und Grundriß an das badische Karlsruhe erinnert. Acht Kavaliershäuser umsäumen den achteckigen Platz, in dessen Mitte das würfelförmige Schloß mit vier Rundtürmen steht. Im Theater wirkte Carl Maria von Weber 1806/07 als Kapellmeister.

163 Der Name des Dorfes KÖNIGSHULD, dessen von Lindenbäumen beschattete Dorfstraße mit zwei Häusern Ruhe ausstrahlen, geht auf die Zeit von 1775 bis 1777 zurück, als Friedrich der Große in Oberschlesien, zumeist in den Oppelner Wäldern, 200 neue Dörfer anlegen ließ und etwa 43 000 deutsche Kolonisten ansiedelte. Sie erhielten Material zum Hausbau, die notwendigen Werkzeuge, etwa 14 Morgen Land und eine Kuh. Das Vieh der Kolonisten weidete im Wald, der das erforderliche Brennholz lieferte. Mancher betätigte sich als Kohlenbrenner, da Holzkohle zu dieser Zeit noch der Eisengewinnung diente.

164 Nach dem Türkenkrieg übertrug Kaiser Karl V. Schloß BUCHENHÖH als kaiserliches Lehen dem verdienten Soldaten Zyrowsky; der Besitz erhielt daher späterhin den Namen Zyrowa, bis man ihn 1936 umbenannte. Als sich die Familie dem Winterkönig anschloß, ließ Ferdinand II. den Besitz konfiszieren; 1631 erwarb ihn Melchior Gaschin, Stifter des Konvents der reformierten Franziskaner auf dem nahen Annaberg und der Kirche zu St. Anna im Jahre 1655. Wegen seiner Verdienste erhob der Kaiser Gaschin in den Reichsgrafenstand. Damals lud man den Adel der Umgebung des öfteren zu Festlichkeiten ein.

165 Der ANNABERG, 410 m, steigt aus dem Odertal auf, gekrönt vom 1733 bis 1749 errichteten St.-Anna-Kloster; er hat sich im Laufe der Zeit zu einem bedeutenden Wallfahrtsort entwickelt (1938: 130000 Pilger). Auf Umwegen gelangte aus dem Kloster Ville bei Lyon das heute noch verehrte Gnadenbild der hl. Anna hierher, eine holzgeschnitzte Figur, die 1620 in einem vordem schon vorhandenen Kirchlein aufgestellt worden war. Das Kloster gehörte dem Franziskaner-Orden. Die Liedzeile „Wo vom Annaberg man schaut ins weite Land“ ruft Erinnerungen an Wallfahrten und die Zeit der Abstimmungskämpfe wach.

166 Das hier in TARNOWITZ aufgestellte Eisengußdenkmal, als Ziegenbock mit spielenden Kindern dargestellt, dem ein Kind Trauben zum Fressen anbietet, ist ein Hinweis auf die weithin bekanntgewordenen Erzeugnisse der Tarnowitzer Eisengießereien. Da stellte man außer den kunstvoll gestalteten Eisenplastiken Wandreliefs und verzierte Ofenverkleidungen her, die heute hohen Sammlerwert besitzen. Mit Tarnowitz ist der Name Friedrich Wilhelm Graf Reden verbunden, der 1784 die jahrelang stillgelegten Bergwerke wiederbelebte, als es ihm gelang, die wiederholten Wassereinbrüche mit Hilfe von Dampfmaschinen wirksam zu bekämpfen. Aus dem Erzgebirge ließ er Bergleute kommen und förderte seit 1784 außer Eisenerzen auch Blei und Silber. Erst nach der Erschöpfung der Vorkommen hat Tarnowitz seine Bedeutung als Industrieort eingebüßt. Man sieht Graf Reden als Begründer der oberschlesischen Hüttenindustrie an. Er führte englische Maschinen ein und nahm den ersten Kokshochofen Deutschlands in Betrieb. Goethe war 1790 bei dem Besuch der „Friedrichsgrube" von der Technik beeindruckt.

167 DEUTSCH PIEKAR war ursprünglich eine polnische Dienstsiedlung von Bäckern der Kastellanei Beuthen/OS. Im Zuge der deutschen Ostsiedlung wurde der Ort ausgebaut, wie der Zusatz „Deutsch" beweist (1369: „Dewsche Bechker"). In der Gegend wurde Silber- und Bleierzbergbau betrieben. Bereits 1326 stand eine Pfarrkirche, in der sich das aus der Mitte des 15. Jh. stammende Muttergottesbild befand. Die Wallfahrten dahin begannen in der zweiten Hälfte des 17. Jh., als Jesuiten die Leitung der Pfarrei übernahmen. 1683 hielt sich hier der polnische König Johann III. Sobieski, Oberbefehlshaber des polnisch-deutschen Ersatzheeres, auf dem Wege zur Befreiung Wiens von den Türken auf. 1697 hat sich August der Starke von Sachsen in der Kirche zum katholischen Glauben bekannt, bevor er sich als August II. in Krakau zum König von Polen krönen ließ. Die alte Holzkirche mußte 1848 dem neuromanischen Steinbau von Daniel Grötschel weichen. Der Breslauer Tuchkaufmann Georg Giesche fand hier 1702 Galmei, Ausgangsprodukt für die Zinkgewinnung. Seine Erben gründeten 1811 die Scharley-Grube.

168 BEUTHEN/OS im Vorfeld der Karpaten, als „bitom“ 1136 erstmals erwähnt, setzte Herzog Wladimir I. von Oppeln 1254 als Stadt aus. Der Bergbau ist hier als bedeutendster Wirtschaftszweig seit 1136 betrieben worden. In preußischer Zeit gelangte er zu voller Blüte. Am weitläufigen Ring ragt links der Turm seines stattlichen Rathauses, rechts die teils frühgotische Pfarrkirche St. Marien empor. Berghauptmann Graf Reden ließ hier 1787 die erste Dampfmaschine auf dem europäischen Festland aufstellen. Zum Eisen- und Zinkbergbau kamen im 19. Jh. Kohle, Stahlbau, Eisen- und Holzverarbeitung hinzu.

169 Die SCHROTHOLZKIRCHE St. Laurentius aus Mikultschütz wurde 1901 im Stadtpark von Beuthen/OS aufgestellt. Sie stammt aus dem 16. Jh. Der typische Grundriß eines breit gelagerten Schiffes mit eingezogenem, geschlossenem Chor entspricht noch mittelalterlicher Vorstellung und war in Oberschlesien häufig anzutreffen. Die Sakristei ist massiv und gewölbt, der geböschte Turm stößt hart an das Kirchengebäude (kirchliches Museum). Der Umgang gibt dieser Schrotholzkirche das eigene Gepräge. In ihr stand als Ehrenmal für die Gefallenen des Ersten Weltkrieges ein Sarkophag aus Steinkohle.

170 Zu den größten Hüttenwerken Oberschlesiens zählt die JULIENHÜTTE in Bobrek bei Beuthen. Die Eisenerzeugung hielt sich in Oberschlesien in Grenzen; immerhin verließen (1940) 1 Mio. t Handelsroheisen, 2,5 Mio. t Stahl und 1,5 Mio. t Walzerzeugnisse die Hütten. Weitaus bedeutender als die Eisenverhüttung und -verarbeitung war die Zinkgewinnung. Schon um die Jahrhundertwende bestritt Oberschlesien 56 v. H. der deutschen Zinkproduktion. Wegen seiner Verdienste nannte man Karl Godulla allgemein den „Zinkkönig", der es verstand, mit Umsicht ein sehr bedeutendes Unternehmen aufzubauen.

171 Durch den Zusammenschluß mehrerer großer Industriegemeinden entstand im Jahre 1922 die Stadt HINDENBURG; ihr Vorläufer ist ein 1305 erstmals genannter deutscher Ort „Sadbre“ oder „Cunczindorf“, seit 1467 Kunzendorf, später mit Zabrze ausgewiesen; nach dem großen Abwehrsieg der deutschen Truppen über die Russen bei Tannenberg im Jahre 1914 unter dem Befehl Hindenburgs erhielt sie dessen Namen. Die Entwicklung der Industrie ist vorwiegend den Grafen Henckel von Donnersmarck zu verdanken. Hier die katholische Kirche St. Andreas mit dem sie umgebenden Friedhof.

172 In der belebten Wilhelminenstraße in GLEIWITZ fährt gerade ein Zug der Linie 4. Die hohen, zum Teil mit Erkern, Balkonen und Türmchen erbauten Geschäftshäuser von Ende des 19. bzw. Anfang des 20. Jh. sind ein Zeichen für den Wohlstand, den besonders die Gründerzeit mit sich brachte. Gleiwitz entwickelte sich rasch zur Industriestadt und wurde Sitz von Hauptverwaltungen und Generaldirektionen vieler Unternehmen und Organisationen. Seiner Rolle als Ausfuhrtor für Industriegüter und Einfuhrplatz für Bedarfsgüter entsprach der Verschiebebahnhof dieses Wirtschaftszentrums im Kohlenrevier.

173 Zu den vielseitigen kulturellen Einrichtungen, die die Großstadt Gleiwitz auszeichnen, gehört das OBERSCHLESISCHE MUSEUM für Kunst- und Kunstgewerbe, untergebracht im Herrenhaus, dem sogenannten „Schlößchen", dessen alter Turm mit einem Stück der Stadtmauer von 1558 stammt und in die Stadtbefestigung einbezogen war. Eine Stadtbücherei richtete man 1923 ein, das Stadtarchiv wurde 1927 angelegt. Zum kulturellen Angebot der Stadt gehörten der 1925 in Betrieb genommene Sender und das Stadttheater mit abwechslungsreichem Spielplan. Manches Schauspielertalent wurde gefördert.

174 Die Schleuse Neudorf (Althammer) zwischen Heydebreck und Blechhammer dient zur Regulierung der Wasserverhältnisse für die Schiffahrt im Klodnitz-Kanal. Der alte Klodnitz-Kanal wurde bereits zwischen 1792 und 1812 mit einer Länge von 45,7 km und 13 Schleusen gebaut. Der neue Kanal entstand zwischen 1934 und 1938 als Großschiffahrtsstraße von Gleiwitz nach Cosel und wurde mit 6 modernen Doppelschleusen sowie mehreren Staubecken ausgestattet. 2 m Wassertiefe und eine Kanalbreite von 37 m gewährleisteten die Durchfahrt von Motorschiffen bis zu 750, später für 1000 t Ladefähigkeit.

175 An der Schrotholzkirche in MULDENAU im Kreis Tost-Gleiwitz haben sich Gläubige auf eine schlichte Art und Weise in diesem uralten ausgehöhlten Baum einen Altar errichtet. Unter der mit einem Kreuz verzierten Bedachung steht eine kleine Muttergottesstatue. An Blumenschmuck läßt man es nicht fehlen. An diese Stätte der Andacht wendet sich mancher von Sorgen und Nöten des Alltags bedrängte Mensch im stillen Gebet hilfesuchend an die Gottesmutter. Die Kirche selbst ist ein urtümlicher Holzbau; auf einen achteckigen Dachreiter ist ein Türmchen in barocker Zwiebelform aufgesetzt worden. Rund um den Bau läuft eine niedrige Halle; einfache Balken tragen das Dach. Darüber sind verhältnismäßig kleine Fenster eingesetzt worden. Dazu gehört ein freistehender Glockenturm mit einem überhängenden Glockengeschoß. Die Schrotholzkirchen waren für die oberschlesische Waldlandschaft charakteristisch und meist die idyllischen Mittelpunkte ihrer Dörfer — Zeugnisse tiefverwurzelter Volksfrömmigkeit. Man schreibt diesen Kirchen oft ein zu hohes Alter zu; die älteste steht in Herzogshain.

176 Am Ring in KATTOWITZ hat man 1907 dieses stattliche Theater im damals beliebten Jugendstil eröffnet. Mit einem breitgefächerten Bühnenangebot bildete es einen geistigen Mittelpunkt von Stadt und Region. In diesem Provinztheater legte so mancher Schauspieler oder Sänger den Grundstein für seine Karriere. Der Meistersche Gesangverein und der Kunstverein Oberschlesien waren in ganz Oberschlesien Begriffe. Es gab Volksbüchereien und bedeutende Verlage mit bekannten Zeitschriften. Namhafte Schriftsteller wie Arnold Zweig, Ruth Storm, Arnold Ulitz und Walter Stanietz kommen von hier.

177 Für die überwiegend slawischen Gebiete Oberschlesiens waren ursprünglich die SCHROTHOLZKIRCHEN typisch; sie erhielten sich in kleineren Dörfern waldreicher Gegenden bis in unser Jahrhundert. Diese Holzkirche in Kattowitz trägt ein Türmchen als Dachreiter; der Glockenturm steht frei. Der Ostchor mit dem Umgang hebt sich vom Kirchenschiff deutlich ab. Schindeln schützen die Holzwände gegen Witterungseinflüsse. Inmitten von Bäumen ist das Gotteshaus ein rechter Ort zur Andacht. Zum Schutz der von weither kommenden Kirchenbesucher und Wallfahrer baute man Hallen an das Langhaus.

178 Als 1882 der Sitz der „Berg- und Hüttenmännischen Vereinigung“ von Beuthen nach Kattowitz verlegt wurde, baute man für die Industriewerke in der Nähe (6 Eisenhütten, 11 Zinkhütten und 15 Steinkohlegruben nach dem Stand von 1875) im neuen Stadtzentrum ein Verwaltungsgebäude. Eine dieser Steinkohlengruben ist die DEUTSCHLANDGRUBE. In Oberschlesien lagert ein Viertel der Kohlenvorräte Europas; Geologen haben sie auf 114,6, Ruhrgebiet auf 65,2 Mrd. t geschätzt. Flöze mit einer Mächtigkeit von 9 bis 12 m sind keine Seltenheit, während man anderwärts noch bei 0,5 bis 1 m abbauen ließ.

179 Ein oberschlesischer KUMPEL, wie der von der Deutschlandgrube, versteht gewiß das Leben zu meistern. Unglücksfälle vor Ort sind für ihn unvermeidliche Beigaben seines harten Berufes. Man hat ihn oft mißverstanden, denn dem Fremden gibt er sich verschlossen und mißtrauisch; hat man sein Vertrauen gewonnen, zeigt er sich als aufgeschlossener Mitarbeiter und Kamerad. Obwohl die Kumpel seit Generationen Industriearbeiter sind, läßt sich das Bauernblut ihrer Vorfahren nicht verleugnen. Fast jeder sehnt sich nach einem Gärtchen oder einem Stück Feld, das er mit seinen Angehörigen bearbeiten kann. Überall in Oberschlesien begegnet man der „Bergmannskuh", wie die Ziege dort genannt wird. Hart wie die Arbeit ist seine Sprache, die sich im Mittelalter herausbildete: ein Grenzjargon, weder Sprache noch Dialekt, gedankenlos „Wasserpolnisch" genannt, obwohl es sich hierbei nicht nur um polnische, sondern auch um deutsche, tschechische und mährische, miteinander vermischte Sprachelemente handelt. In der Neuzeit legte der oberschlesische Bergmann diesen Jargon mehr und mehr ab. Eine Schriftform entstand nie.

180 Die zur Ortschaft EINTRACHTHÜTTE gehörende St.-Joseph-Kirche steht neben den Schächten und Schornsteinen der „Deutschlandgrube". Das oberschlesische Industriegebiet mit zahllosen Fördertürmen und Hochofenanlagen mag am Tage auf Fremde verwirrend gewirkt haben; nachts verwandelte es sich in eine phantastische Landschaft. Grelles Licht der Werke kämpfte mühsam gegen die wallenden Rauch- und Dampfschwaden an, sieghaft aufleuchtend, darauf rötlich verlöschend. Hochöfen flammten gegen den dunstigen Himmel. Dazu erklang das Dröhnen, Hämmern und Kreischen der Maschinen.

181 Das Rathaus von BIELITZ ist ein im Jugendstil eindrucksvoll gestaltetes Bauwerk. Die Stadt liegt am Fuße der Beskiden und bildet den Mittelpunkt der größten deutschen Sprachinsel des östlichen Oberschlesiens. Ihr evangelisches Lehrerseminar war weithin bekannt. Nach der Angliederung Schlesiens an Preußen (1742) blieb Bielitz bei Österreich; seit 1553 war es dessen einzige evangelische Stadt. Durch Tuchmacherei gewann sie im 16. Jh. wirtschaftlich an Bedeutung. Die Zunft erhielt 1548 ihr Privileg: ein typisches Grenzhandwerk, das vom Absatz in das industriearme Polen lebte; später arbeiteten Polen hier.

182 Den weitläufigen Ring in TESCHEN zieren für den schlesischen Raum typische Laubenhäuser; sie weisen auf die österreichische Vergangenheit hin. Diese deutsche Stadtgründung erfolgte nach Löwenberger Recht um 1290. Eine bedeutende wirtschaftliche Entwicklung leitete der 1495 begründete Fugger-Thurzo-Konzern ein, der die Straßen über den Jablunkapaß für den Transport des Neusohler Kupfers an die Oder ausbaute und bei Teschen eine Saigerhütte anlegte. Durch den Frieden von St. Germain fiel ein Teil der Stadt an Polen, der andere kam zur Tschechoslowakischen Republik, hart für die Bewohner.

183 Die ST. NIKOLAUS-KAPELLE in Teschen ist eine vorromanische Rundkapelle des frühen 11. Jh. und das älteste erhaltene Bauwerk aus Stein in Schlesien. Dieses meist „Rotunde“ genannte Gotteshaus mit angesetzter Apsis besitzt nur eine bescheidene Grundfläche; im nahen Mähren waren diese auch mit Fresken verzierten Kirchen die übliche Bauweise am Ende des 10. Jh. untergegangenen Großmährischen Reiches. Auf dem Schloßberg hat man vorgeschichtliche Funde aus dem 9. Jh. gemacht. 1155 ist die Kastellanei Teschen als südlichster Grenzbezirk des Bistums Breslau belegt; später umfaßte sie das als Teschener Schlesien bezeichnete Gebiet mit Loslau und Sohrau. Unter der Burg hat der Oppelner Herzog Wladislaus I. von 1246 bis 1281 die deutsche Stadt Teschen angelegt. Vor 1263 bestand hier schon ein Dominikanerkloster; die „civitas Tessin“ ist mit 1284 ausgewiesen. Von der großen Burganlage der Teschener Piasten auf dem Schloßberg ist nur noch der Bergfried in den Formen des 13. Jh. erhalten. Die Herzöge unterstellten sich 1327 der böhmischen Oberhoheit. Die Stadt gehörte zu den größeren Gründungen ihrer Zeit.

184 Auf dem weiträumigen Marktplatz in PLESS zeigt sich, in einem Baublock vereinigt, rechts das Rathaus mit dem Säulenvorbau und daneben die evangelische Kirche, beide aus der zweiten Hälfte des 10. Jh., dahinter die später mehrfach umgebaute katholische Pfarrkirche (14. Jh.); zuletzt nach dem Stadtbrand von 1748 erneuert. Die Stadt ist als „civitas Plesna“ erst 1327 bezeugt; wahrscheinlich geht ihre deutschrechtliche Gründung schon auf die Zeit um 1276 zurück. Unmittelbar am Ring liegt das Schloß mit seinem Park. Handel und Handwerk bestimmten die Wirtschaft. Pless war vornehmlich eine Residenzstadt.

185 Seitenflügel der dreiflügeligen Anlage von SCHLOSS PLESS, die auf der gotischen Burg des 15. Jh. fußt; Reste davon in Erdgeschoß und Rundturm. Die heutige Anlage geht auf den von Christian Jahne 1743 bis 1767 errichteten Bau zurück, 1847 umgebaut und unter Fürst Hans Heinrich XI. 1870 bis 1874 neu errichtet. Nur das Torhaus stammt von 1687. In dem malerischen Schloßpark mit Teichen steht das 1800 durch Wilhelm Pusch errichtete klassizistische Landhaus „Ludwigswunsch". In den Weltkriegsjahren 1915—1917 befand sich hier das Hauptquartier der deutschen Heeresleitung unter Kaiser Wilhelm II.

186 Vor dem oberschlesischen Vorgebirgshügelland breitet sich RYBNIK aus, ein Ackerbürgerstädtchen bis zum Anfang des 19. Jh. Auf dem Ring wird gerade ein Markt abgehalten, und Bauern und Händler bieten dort in der Umgebung angebautes Gemüse und andere landwirtschaftliche Produkte feil. Neben Handwerkserzeugnissen bildete die Teichwirtschaft eine ständig „sprudelnde“ Einnahmequelle. Das früher nur aus Holzhäusern bestehende Städtchen suchten häufig Brände heim. Die „Eisenhütte Silesia AG“ machte sich mit ihren aus Feinblech hergestellten emaillierten Haus- und Küchengeräten einen Namen.

187 Die neugotische ST. ANTONIUSKIRCHE in Rybnik mit ihren zwei Türmen wurde 1903 bis 1906 errichtet. Der Marktort ist von 1288 bis 1300 in eine deutschrechtliche, unbefestigt gebliebene Stadt umgewandelt worden. Anstelle der 1757 abgetragenen Pfarrkirche aus dem 12. Jh. entstand in den Jahren 1798 bis 1801 die barockklassizistische katholische Pfarrkirche zur Schmerzhaften Muttergottes. 1791 hat man für die evangelische Gemeinde im Schloß eine Kirche eingerichtet; 1875 erhielt sie einen Turm. Das nach 1650 erbaute, im 18. Jh. hufeisenförmig erweiterte Schloß dient seit 1842 als Gerichtsgebäude.

188 Von der Oderpromenade in RATIBOR mit dem alten Baumbestand öffnet sich der Blick auf die auf zwei Pfeilern ruhende Bernertbrücke, über die eine Eisenbahnlinie geht. Die Stadt breitet sich an dem uralten Oderübergang aus, wo der Fluß seinen Lauf nach Schlesien fortsetzt. Ihren Namen verdankt sie einer 1108 erwähnten Wallburg auf einer Flußinsel rechts des Hauptstroms; sie sollte den Flußübergang einer Handelsstraße von der Mährischen Pforte nach Krakau schützen. Herzog Mieszko I. hatte sie wehrhaft ausgestattet; so konnte sie dem Mongolensturm von 1241 trotzen, der Schlesien verwüstete.

189 In der Mitte des Ringes in Ratibor steht diese barocke SÄULE mit der Himmelfahrt Mariens von 1727. Elisabeth Gräfin Gaschin hatte sie zur Erinnerung an die Pest von 1715 gestiftet, Werk des bedeutendsten Bildhauers von Oberschlesien, Johann Melchior Österreich, der auch die Plastiken in der katholischen Pfarrkirche von Rauden schuf. Auf der Marktplatzmitte stand einst ein Rathaus. Nach dem Brand von 1546 entstand hier an der Ostseite ein neues; 1826 mußte es dem in klassizistischer Form erstellten Bau weichen. Links davon wird die St. Jakobikirche sichtbar, ein frühgotischer Bau mit einem barocken Dachreiter; zusammen mit einem Dominikanerkloster geht sie auf eine Stiftung Herzog Mieszkos II. von 1246 zurück. Ihre barocke Innenausstattung ist bemerkenswert, zumal die Gruft der Grafen Gaschin. Die Stadt selbst verdankt ihren wirtschaftlichen Aufstieg der günstigen Verkehrslage, die im 19. Jh. die Ansiedlung von Werkzeug- und Maschinenfabriken, einem Gußstahlwerk und einer Hutfabrik begünstigte. Unweit Ratibor liegt Schloß Lubowitz, Geburtsstätte Joseph von Eichendorffs.

190 Ein Holzkunstwerk im Museum von Ratibor zeigt CHRISTI GEBURT von der Hand eines unbekannten Meisters um 1500. Maria und Josef beugen sich über das Jesusknäblein, das vier Kinder ehrfürchtig betrachten. Hinter dem baufälligen Gemäuer wird der Stall mit dem Kopf des Esels sichtbar. Darüber stehen in Anbetung und Verwunderung verharrende Gestalten. Unter den sakralen Bauten ist die katholische Liebfrauenkirche Mariä Himmelfahrt von 1286 mit ihrem bedeutenden Hochaltar (1656) und dem 68 m hohen Turm (1588) bemerkenswert, 1891/92 letztmals erneuert und ausgebaut. Die katholische Nikolauskirche (1900 bis 1902) geht auf das Jahr 1299 zurück. Am Ring entstand 1637 die Dominikanerkirche, 1830 der evangelischen Gemeinde übergeben; 1909 und 1928 ausgebaut und erneuert. Nach der Errichtung einer weiteren evangelischen Kirche wurde die Klosterkirche 1926 städtisches Museum, in dem man dieses Kunstwerk bewundern kann. Das Klostergebäude dient seit 1823 als Gymnasium. Aus ihm ging Arnold Mendelssohn (1855-1933), Erneuerer der evangelischen Kirchenmusik, hervor.

191 LEOBSCHÜTZ am Ostrand der Sudeten wird 1131 erwähnt. Seine katholische Pfarrkirche Mariä Geburt, ein ausdrucksvolles gotisches Bauwerk, erhebt sich auf einer kleinen Anhöhe weithin sichtbar über der Stadt. Ein erster Bau ist 1259 bezeugt; 1579 erhielt er einen Turm. Der Umbau von 1903 bis 1907 veränderte das Bauwerk nachhaltig. Portale, die im Wechsel von Rund- und Birnstäben schöne Blattkapitelle zeigen, gehören noch der ersten Baustufe an. Die Stadt erhielt durch König Ottokar II. 1275 das Magdeburger Stadtrecht bestätigt. Die dabei erteilten Privilegien des „Leobschützer Rechtes" erlangten Bedeutung für die Besiedlung Oberschlesiens. Die handwerkliche Tuch- und Leineweberei des Mittelalters ging in die industrielle Herstellung des 19. Jh. über, ebenso wie landwirtschaftliche Erzeugnisse, die industriell verarbeitet wurden. Der Bildhauer Jörg schuf diese Mariensäule (1738) aus weißem Marmor mit den Heiligengestalten; sie bietet sich dem Betrachter in ihrer ganzen Schönheit dar. Ein 1383 erstmals erwähntes Rathaus baute man 1570 gründlich um und erweiterte es 1863/64 in neugotischem Stil.

192 Mit vier großen Hafenbecken ist der Oderhafen von COSEL zweitgrößter Binnenhafen Deutschlands. Er diente dem Umschlagverkehr an der noch jungen Oder, die an dieser Stelle schiffbar wird. Kleine Zillen schwimmen neben großen Oderkähnen; sie warten auf oberschlesische Kohle. Modernste Hafenanlagen ermöglichten rasche Abfertigung und verkürzten die Wartezeit. Die Kohle wurde teils mit der Bahn, teils auf der Wasserstraße herangebracht. Da der auf die Initiative des Grafen Reden zurückgehende alte Klodnitzkanal den gesteigerten Anforderungen nicht mehr genügte, baute man 1934 bis 1938 einen weit größeren Kanal für Schiffe bis zu 1000 t. Die Beladung erfolgte in Gleiwitz und entlastete Cosel. Heute liegt die schlesische Oderschiffahrt brach. In der Nähe befindet sich die Zellstoffabrik Waldhof, eine der modernsten Anlagen ihrer Art; sie gab vielen Oberschlesiern Arbeit und Brot. Die Stadt Cosel ging aus einer um 1104 angelegten Grenzburg zwischen Polen und Mähren hervor; 1281 setzte sie Herzog Kasimir II. als deutsche Stadt im Herzogtum Ratibor-Oppeln aus, das er als Lehen der Böhmischen Krone unterstellte.

193 Der Vorläufer des Coseler RATHAUSES geht auf 1329 zurück; 1739 ist er mit dem Kaufhaus und den Buden abgebrannt. Der Neubau erfolgte 1750; der Turm hingegen erhielt nach einem Brande (1861) im Jahre 1868 seine heutige Form. Die Häuser der Stadt waren bis 1745 einstöckig und aus Holz; nur einige besaßen gemauerte Vorderwände. Danach beherrschte Fachwerk das Stadtbild; im 19. Jh. lösten Massivbauten das Fachwerk ab. Das älteste bis heute erhaltene Heiligtum Cosels ist die mutmaßlich 1323 errichtete Marienkapelle an der Pfarrkirche „ad S. Sigismundum", 1449 belegt, mit dem sagenumwobenen Gnadenbild. Sie unterstand bis zur Säkularisierung der Johanniterkomturei. 1475 zog König Matthias Corvinus das Fürstentum Cosel ein und ließ es durch den Landeshauptmann von Kornitz verwalten. Seit dem 16. Jh. wurde es als Herrschaft verpfändet und kam 1532 an die Markgrafen von Brandenburg. Unter der Herrschaft der Freiherren von Oppersdorff (1563 bis 1617) wurde die alte Burg zum Schloß umgebaut. Im 18. Jh. zur Festung ausgebaut, widerstand die Stadt 1807 der napoleonischen Belagerung.

194 Am Fuße der Bischofskoppe (850 m) im Altvatergebirge liegt NEUSTADT in Oberschlesien, angelegt 1279 im Schutze der 1262 erbauten Burg „Wogendrossel". 1312 erhielt es Magdeburger Stadtrecht. Das teilweise neuklassizistische Rathaus von 1782 besitzt einen freistehenden Renaissanceturm. Die hier vor Häusern am Markt stehende Mariensäule von 1694 erinnert an den Stadtbrand von 1627; der Adlerbrunnen (1696) und die Nepomuksäule (1733) zieren den Platz. Wahrzeichen der Stadt wurde die Fränkelsche Fabrik (1855) mit Damast- und Leinenwaren, der sie vorbildliche Wohlfahrtseinrichtungen verdankte.

195 Am rechten Ufer der Hotzenplotz liegt OBERGLOGAU. 1275 zur Stadt erhoben, erhielt es als zweite schlesische Stadt eine Ratsverfassung. Ihre Anlage und Befestigung ähnelt den Gründungen jener Zeit. Die katholische Stadtpfarrkirche St. Bartholomäus von 1284 wurde zwischen 1775 und 1781 barockisiert. Das alte Piastenschloß mit dem hier abgebildeten Bergfried von 1250 wurde seit dem 16. Jh. von den Reichsgrafen von Oppersdorff in verschiedenen Etappen und Stilen zu einem groß angelegten Schloß mit einem Ober- und Vorschloß, einem Fürstensaal, einer Kapelle und Parkanlagen um- und ausgebaut.

196 Nach der Ortsgründung um 1215 wird NEISSE bereits 1223 durch das Bistum Breslau zur deutschen Stadt nach flämischem Recht und zur Hauptstadt des Fürstentums Neisse erhoben, welches von 1198 bis 1810 dem Bischof von Breslau gehörte. Die von 1224 bis 1230 erbaute spätgotische Stadtkirche St. Jakobus wurde von 1392 an als eine große neunjochige Hallenkirche völlig neu errichtet. Chor und Langhaus sind allseitig von Kapellen umgeben. Den gewaltigen Dachstuhl errichtete 1551 Meister Michel. Neben dem Bauwerk steht der mächtige unvollendete Glockenturm. Weitere Kirchenbauten, wie die im 14. Jh. erbaute sogenannte Bürgerkirche, die im gleichen Jahrhundert errichtete barocke Kloster- und Kirchenanlage des Kreuzherrenklosters mit der Kirche Peter und Paul, die Barbarakirche (evangelische Pfarrkirche) und die Jesuitenkirche trugen Neisse die Bezeichnung „schlesisches Rom“ ein. Das Rathaus entstand 1499 auf dem viereckigen Ring. Im 16. und 17. Jh. war Neisse neben seinem Garn- und Leinenhandel durch den Handel mit österreichischen und ungarischen Weinen berühmt geworden.

197 Das KÄMMEREIGEBÄUDE, die Alte Stadtkämmerei, in Neisse ist eine bauliche Kostbarkeit ganz Schlesiens und eine der schönsten Schöpfungen der Spätrenaissance. Der gewaltige Waagebalken weist darauf hin, daß der Bau 1604 als Waagehaus errichtet worden ist. Den Giebel krönt Justitia über dem großen Stadtwappen, wie überhaupt das Gebäude reichen plastischen Schmuck trägt. Bemerkenswert die auch in Böhmen verbreitete Sgraffito-Bemalung, welche die Farben rot, grün und blau bevorzugte. In den Medaillons sind Persönlichkeiten aus dem Alten Testament und der deutschen Geschichte abgebildet. Das große Madonnenbild in der Mitte entstand um 1700. Der nadelspitze Rathausturm, Wahrzeichen der Stadt, überragt das Gebäude; im obersten Turmknopf wurde eine Urkunde gefunden, wonach den Turm Baumeister Hans Klangenbein anno 1499 am Tage Erasmi vollendete. Links wird der stumpfe Turm der Jakobikirche sichtbar. Auf dem Jerusalemer Friedhof befindet sich das Grab Joseph von Eichendorffs und seiner Frau Louise, geb. von Larisch. Ein Eichendorff-Museum wurde 1935 im Sterbehaus eingerichtet.

198 Der SCHÖNE BRUNNEN in Neisse ist eine weitere Sehenswürdigkeit. Sein schmiedeeisernes Gehäuse in der Breslauer Straße schuf 1688 der bischöfliche Zeugwart und Hofschlosser Wilhelm Helleweg. Ihn krönt — ähnlich auf dem Kleinen Ring der Prager Altstadt — der österreichische Doppeladler, ein Beweis dafür, wie sehr das Erbe Österreichs in Schlesien gegenwärtig geblieben ist. Im Hintergrund ragt der aus dem 14.Jh. stammende Breslauer Torturm auf, eines der vier Stadttore. In der Renaissance erhielt er Zinnen statt des ursprünglichen Spitzdaches. Friedrich der Große befestigte in der Zeit der Schlesischen Kriege die alte Stadt Neisse als Flankendeckung der Paßstraßen von Schlesien nach Böhmen. Das Fort Preußen, zu dem der König selbst den Grundstein legte, war ein Meisterwerk der Festungsbaukunst des 18. Jh. Vergeblich belagerten 1758 die Österreicher 14 Tage lang die Stadt. Das doppelte Gesicht Schlesiens — österreichischer Barock und preußischer Stil — tritt nirgends besser hervor. General Friedrich Wilhelm von Steuben war 1742 Schüler am Jesuitengymnasium.

199 Am Ring in ZIEGENHALS steht die katholische Pfarrkirche St. Lorenz, deren frühgotisches Portal von 1250 nach dem Kirchenneubau von 1729 unter Fürstbischof Franz Ludwig erhalten blieb. Das Langhaus, ein typisch böhmischer Emporen-Saalbau, deutet auf Dientzenhoferischen Einfluß hin. Die Fassade flankieren zwei Türme, die, wie den an der anderen Giebelseite stehenden mittelalterlichen Turm, geschwungene Barockhauben krönen. In der im Vorland des Altvatergebirges gelegenen einstmaligen Weberstadt beherrschten Landwirtschaft, Handel, Zellstoff- und Papierindustrie das Wirtschaftsleben.

200 Am Fuße des Reichensteiner Gebirges rechts der Glatzer Neiße liegt PATSCHKAU, 1254 als Markt mit deutschem Stadtrecht durch Bischof Thomas I. gegründet. Die mittelalterliche Befestigung aus dem 14.Jh. ist mit ihrer durchgehenden Mauer, den dreizehn nach innen offenen Mauertürmen und den drei Tortürmen gut erhalten. Diese und die aus dem 16. Jh. stammenden Renaissance-Bürgerhäuser, von denen hier einige zu sehen sind, trugen dazu bei, daß man Patschkau das „schlesische Rothenburg" nennt. Hier lauscht eine Menge einem Platzkonzert. Im Hintergrund der zinnenbewehrte Niedertorturm.

201 Im 14. Jh. ist die alles überragende katholische Stadtpfarrkirche St. Mariä Himmelfahrt in FALKENBERG/OS errichtet und nach einem Brand im Dreißigjährigen Krieg erneuert worden. Von 1339 bis 1810 war sie Kollegiat- bzw. Propsteikirche. Ein gotischer Treppengiebel und der beigeordnete Turm geben der Kirche an der Westseite des ovalen Marktplatzes der als „Valkenberch“ 1283 erstmals erwähnten Stadt ihre Note. Bedingt durch die verkehrsungünstige Lage entstand hier lediglich eine kleine ovale Stadtanlage, die erst im 15. Jh. vollends befestigt war; Neisser und Oppelner Tor wurden um 1860 abgerissen. In die preußische Zeit (1744) fällt der Bau eines Bethauses für die evangelischen Bürger; es erhielt 1842 einen Turm. Ein Fachwerk-Rathaus setzte man 1751 inmitten des Marktplatzes. Als es Anfang des 19. Jh. baufällig wurde, errichtete man ein neues am Osteingang des Ringes. Die wirtschaftliche Aufwärtsentwicklung der Stadt, die noch 1750 und 1751 von Bränden heimgesucht wurde, blieb auch im 19. Jh. sehr mäßig. Nach dem Eisenbahnanschluß (1888) entstanden Sägewerke und Ziegeleien.

202 Die Burg der Herzöge von Oppeln-Ratibor wurde im Zuge der Teilungen des Herzogtums Oppeln von 1313 bis 1382 Residenz eines selbständigen Herzogs von Falkenberg. Im März 1428 fiel sie in die Hand der Hussiten. Nach dem Aussterben der Oppelner Piasten (1532) und den anschließenden Verpfändungen des Herzogtums kamen Stadt und Kammergüter Falkenberg an Matthias von Logau, danach an Kaspar von Pückler, der 1581 die Grundherrschaft Falkenberg begründete. Er führte die Reformation ein und begann mit dem Um- und Ausbau des bereits 1573 errichteten SCHLOSSES, eine um einen Arkaden-Innenhof sich gruppierende Anlage im Renaissancestil, die seine Nachkommen weiter ausbauten. Von 1573 bis 1577 entstand der Südflügel, 1589 bis 1592 kamen der Westtrakt mit dem wuchtigen Eingangsturm, 1610 der Nordflügel mit der Schloßkapelle hinzu. Der Wohntrakt im Ostteil stammt von 1788. Im Erbgang gelangte die Herrschaft an die Grafen Zierotin, 1779 an die Grafen Praschma, die nach 1800 den Wallgraben zuschütten ließen. Balkon mit Freitreppe und Säulenhalle an der Südseite von 1870.

203 In der katholischen Kirche von SCHEDLAU steht ein eindrucksvoller Taufstein. Das erinnert an die Generationen, die hier ihre Taufe erhielten und, dem christlichen Glauben verbunden, in dieser Gemeinde heranwuchsen. Schedlau liegt am Nordrand einer Hügelgruppe um Falkenberg, wo sich im 14. Jh. deutsche Kolonisten anzusiedeln begannen. Dorf und Kirche an der Steinau sind 1379 erstmals erwähnt. Gut Schedlau hatte Niklas Pückler von Groditz 1533 erworben, dessen Familie schon früher mit Besitzungen in Groditz und Heidersdorf begütert war. Kurz danach kamen die Güter Mullwitz und Guhrau hinzu. Hans Pückler ließ nach dem Abbruch der alten Holzkirche von 1616/17 durch den Italiener Rusco die heutige wertvolle Kirche als evangelisches Gotteshaus mit spätgotischen und Renaissance-Elemente erbauen. Die Ausstattung oblag dem Bildhauer Hermann Fischer und dem Maler Konrad Winkler. Durch die Gegenreformation gelangte die Kirche an die Katholiken. Das Schloß von 1570 ist im 17. und 18. Jh. umgebaut und erweitert worden. Graf Erdmann III. Pückler ließ es durch einen neugotischen Bau ersetzen.

204 GROTTKAU wird 1210 „villa Grocovichi" genannt. Zwei Breslauer Domherren übertrugen 1234 dem Lokator Gumprecht 100 Hufen in Alt- und Neugrottkau zur Gründung deutschrechtlicher Dörfer. Das Gemeinwesen erhielt 1268 durch Herzog Heinrich IV. von Breslau Stadtrecht. Das hufeisenförmige Rathaus auf dem weitläufigen Ring stammt von 1840. Vier Straßen führten von hier aus zum Neisser, Münsterberger, Breslauer und Löwener Tor, die man in die kreisförmige Stadtbefestigung von 1296 eingefügt hatte; nur das Löwener Tor, Wahrzeichen der Stadt, mit Renaissance-Zinnen blieb erhalten.

205 OTTMACHAU am Mittellauf der Glatzer Neiße war schon in slawischer Zeit Marktort; erst 1347 als Stadt mit deutschem Recht ausgestattet. Die gleichnamige Burg und die Ländereien waren Bischofsbesitz. Ihren letzten Neubau mit einem Bild im Hochaltar von Michael Willmann erhielt die doppeltürmige barocke katholische Pfarrkirche St. Nikolaus von 1235 auf dem Tandelberg 1690 bis 1695 durch P. Tobler. Die neugotische evangelische Kirche Corpus Christi ist von 1857 bis 1859 errichtet worden, das Rathaus, ein Renaissancebau, stammt von 1538, der Turm von 1605, die Mariensäule von 1734.

206 In Anlehnung an die herzogliche Burg kommt es an der schon in der Bronzezeit besiedelten Stelle am linken Ufer der Ohle 1292 zur Gründung der Stadt STREHLEN nach deutschem Recht. Herzog Bolko I. von Löwenberg-Jauer hatte zuvor das bis dahin zum Herzogtum Breslau gehörende Gebiet an sich gebracht und erteilte dem Vogt Siegfried ein Privileg über die Vogteirechte „in unserer neuen Stadt Strelyn". Es entsteht eine ovale bis quadratische planmäßige Anlage mit einem gitterförmigen Straßennetz und einem viereckigen Ring, umgeben von einer Mauer mit drei Toren und einem Graben. Der Häuserblock in Ringmitte mit dem Kauf- und Rathaus war das wirtschaftliche und Verwaltungszentrum der Stadt. Die mittelalterliche Klosterkirche Heilig Kreuz wurde 1296 nachgewiesen; 1703 innen barockisiert, letzte Erneuerung 1910 bis 1916. Die evangelische Michaelskirche — unser Bild — von 1769 wurde 1910/11 erneuert. Der letzte Rathausbau stammt von 1817. Der Granitabbau machte Strehlen neben Striegau wohlhabend: reichste Granitbrüche Europas.

207 Die Muttergottes über den Löwen aus HERMSDORF, Kreis Strehlen, um 1360 geschaffen, steht im Kunstgewerbemuseum in Breslau. Maria, die Gottesmutter, thront auf einer Bank. Das göttliche Kind steht auf ihrem rechten Knie, gehalten von ihrer rechten Hand; seine Rechte hat es segnend erhoben, in der Linken hält es den Globus. Maria hält mit der Linken das Szepter. Auf der Erde vor der Thronbank kauern zwei Löwen. Auf ihren Rücken knien zwei Kindlein, bekleidet mit dem Hemd der Diakone und Priester. Das linke stützt das Jesuskind, das rechte das Szepter in Mariens Arm. Eine ähnliche Darstellung einer „Muttergottes über den Löwen" befindet sich im Germanischen Nationalmuseum in Nürnberg (um 1370 Glatzer Bergland). Aus dieser Zeit stammt auch die Madonna aus St. Matthias in Breslau. Da ist Maria nur mit dem Kind auf einem Löwen stehend zu sehen. Die Löwen können nur bedeuten, daß ihr Sohn aus Juda hervorging, dem „die Völker gehorchen", nach der Apokalypse der „Löwe aus dem Stamme Juda, der Sproß Davids, der gesiegt hat".

208 SCHÖNJOHNSDORF besitzt eine der schönsten und besterhaltenen mittelalterlichen Wasserburgen Schlesiens. Sie ist bestückt mit einem Turm, hat eine Schloßkapelle, Kasematten und einen durchgehenden Wehrgang. Ein innerer und äußerer Wassergraben trugen zur erhöhten Sicherheit bei. Ein Wirtschaftshof vervollständigte die 1351 entstandene Burganlage, die im 30jährigen Krieg oft als Zufluchtsort diente. Im 16. und 17. Jh. kam es zum weiteren Ausbau. Als erster Besitzer ist Witzko von Johnsdorf, ein herzoglicher Dienstmann, ausgewiesen. Nach vielen Wechseln gelangte die Burg an das Haus Oranien.

209 Schloß FRANKENSTEIN hatte 1428 den Hussiten erfolgreich Widerstand geleistet. Während der Auseinandersetzungen zwischen Georg von Podiebrad und Matthias Corvinus wurde das Schloß 1468 erstürmt und stark beschädigt. Karl I., Herzog von Münsterberg-Oels, ein tätiger und wohlwollender Fürst, widmete sich nach 1511 dem Wiederaufbau von Stadt und Schloß. Das Schloß sollte, Karls Orientierung nach Ungarn entsprechend, ein Abbild der Ofener Königsburg werden. Es war später nur noch Sitz von Landeshauptleuten und wurde im Dreißigjährigen Krieg zum Spielball der kriegführenden Parteien.

210 MÜNSTERBERG, 1253 „Munsterberck" genannt, dürfte seit dieser Zeit als deutschrechtliche Stadt am rechten Ohleufer anzusehen sein. Stadtmauern und fünf Tore sind seit 1336 nachweisbar: das Patschkauer, Neisser, Breslauer, Burg- und Webertor. In Mitleidenschaft gezogen wurde die Stadt durch die Hussiteneinfälle. Im Januar 1429 zerstörten sie Stadt und Burg. Zuvor war Herzog Johann 1428 im Kampf gefallen. Von dem Rathaus auf dem großen Ring aus dem 16. Jh. ist nur der stattliche Turm erhalten geblieben; heutiges Rathaus von 1888 bis 1891. Über dem Treppenaufgang zum Portal befindet sich ein von zwei Säulen gestützter Balkon. Hinter den Markthäusern wird die katholische Pfarrkirche St. Georg mit ihrem frühgotischen zweischiffigen Langhaus sichtbar, erbaut um 1265—1275. Ihre zwei Kapellen und der Chor sind der Spätgotik des 15. Jh. zuzurechnen. Anfang des 18. Jh. kam es zum Umbau, von 1898 bis 1900 zur Erneuerung. Hopfenanbau und -handel sowie das auf örtlichen Rohstoffvorkommen beruhende Tongewerbe, Gemüsekonservenfabriken und eine Zuckerfabrik bildeten die Erwerbsquellen.

211 Auf dem Herthaberg der Klosterstadt KAMENZ ließen sich Prinzessin Marianne der Niederlande und ihr Gemahl, Prinz Albrecht von Preußen, 1838 bis 1878 dieses repräsentative neugotische Schloß nach Plänen Karl Friedrich Schinkels im schottischen Stil errichten. Die Vorstellungen des Baumeisters wurden vom Burgenbau des Deutschritterordens beeinflußt: ein mächtiger viereckiger Backsteinbau mit runden Ecktürmen, einer Säulenvorhalle, kolonnadenumsäumten Straßen und Laubengängen. Über diese Freitreppe erreichte man eine Gartenanlage mit vielen Wasserkünsten und Rhododendronbüschen.

212 Vom Bergschloß aus schaut man hinunter auf WARTHA, den vielbesuchten Wallfahrtsort am Neiße-Durchbruch, am Paß von Wartha. Hier führte die Straße in den Glatzer Kessel. Nach einer frommen Legende habe an dieser Stelle die Jungfrau Maria 1241 die Mongolen aufgehalten und dadurch die Grafschaft gerettet. Die Ausläufer des Eulen- und Reichensteiner Gebirges drängen sich dicht an die Neiße heran. Abt Augustin von Kamenz errichtete 1665 die unten rechts abgebildete Wallfahrtskirche. Bewaldete Berghänge, steile Geröllabstürze und liebliche Seitentäler kennzeichnen diese strategische Paßlandschaft.

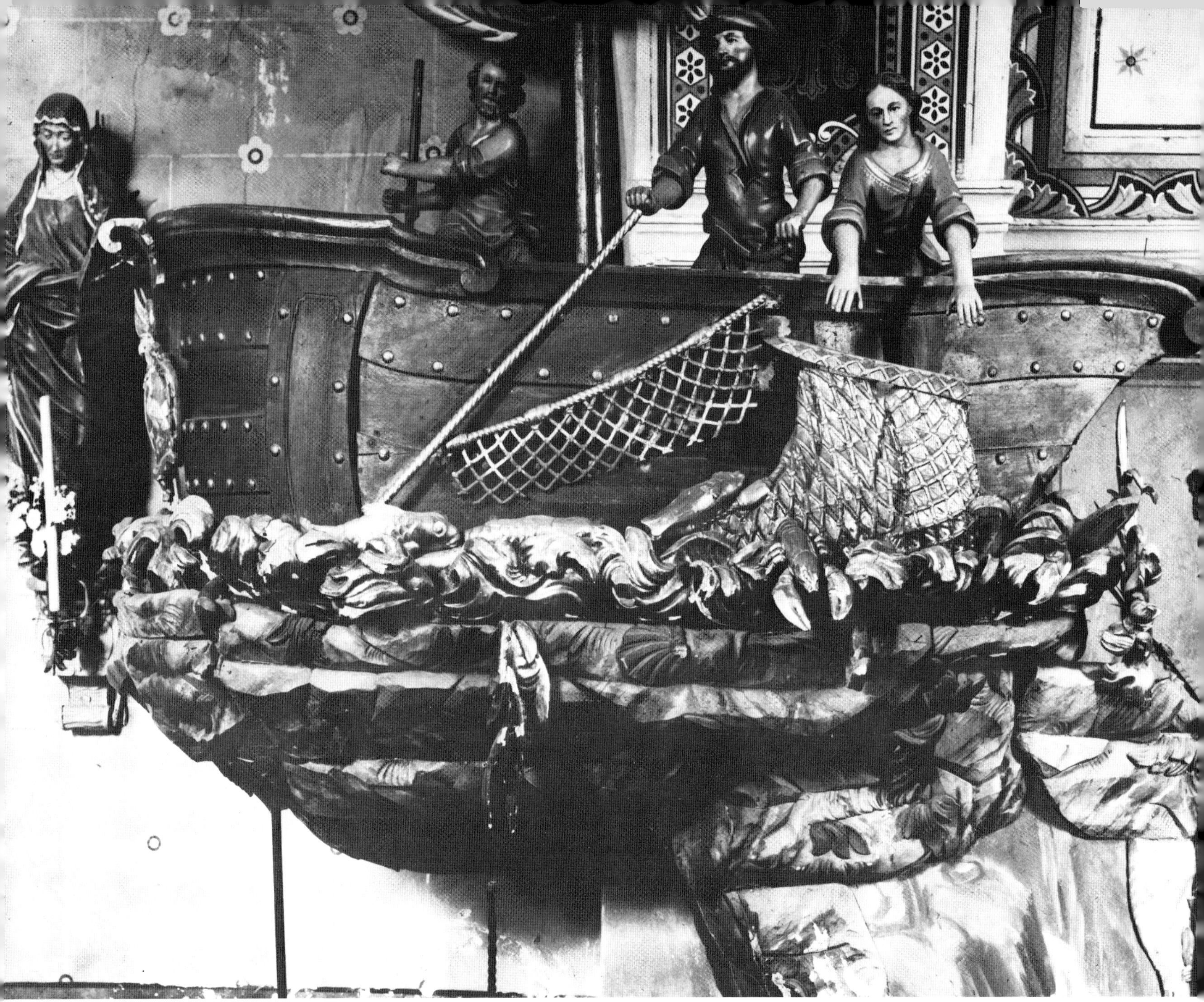

213 Zu den seltensten Kanzelgestaltungen Schlesiens muß man gewiß die Fischkanzel in der katholischen Kirche zu SEITENDORF rechnen. Die nahezu originalgetreue Nachbildung eines Fischerbootes mit einem vom Winde aufgeblähten Segel darüber ist dem Erbauer lebensnah gelungen. Aus den angedeuteten Wellen bergen der Fischer und seine Frau das übervolle Netz mit Fischen und anderen Meerestieren, während ein anderer das Ruder in seinen Händen hält. Von ergreifender Schönheit ist die daneben an der Wand stehende Mutter Gottes. Eine ähnliche Kanzel besitzen die Kirchen in Eckersdorf und auch in Mittelwalde.

214 Am Paß von SILBERBERG, der freien Bergstadt im südlichen Eulengebirge, führt eine Parallelstraße von Breslau nach Glatz. Seit 1370 gruben Bergleute aus Meißen und Reichenstein nach silberhaltigem Erz. Die Hussitenkriege unterbrachen den Bergbau; nachdem sie maßgebliche Persönlichkeiten einsetzten, wurde er 1527 wieder aufgenommen. Nach dem Hubertusburger Frieden ordnete Friedrich der Große den Bau einer Sperrfestung auf den Höhen von Silberberg an. Er selbst kümmerte sich an Ort und Stelle um den Fortgang der Arbeiten. Der Donjon entstand 1765—1768. Danach folgten bis 1778 weitere Werke.

215 Um 1250 gründeten deutsche Siedler den Ort HABELSCHWERDT; 1319 erhielt er durch König Johann von Böhmen das Recht als königliche Stadt, die sich terassenförmig über dem Tal der Glatzer Neiße erhebt; ihr Ufer säumen alte Häuser. Am viereckigen Ring, in dessen Mitte das Renaissance-Rathaus von 1540 steht, ragen dreigeschossige Häuser im Stil der Renaissance und des Barock auf. Die katholische Stadtpfarrkirche St. Johannes (13. Jh.) ist der älteste Kirchenbau der Grafschaft Glatz überhaupt. Die Dreifaltigkeitssäule (1737) auf dem Ring deutet auf die Rekatholisierung der Bevölkerung im 30jährigen Krieg hin.

216 Eine schmale Straße unterhalb der alten STADTBEFESTIGUNG von Habelschwerdt führt zwischen Gärten mit blühenden Bäumen hin zu dem vierschrötigen Willmann-Turm, der obenauf eine kegelförmige Spitze trägt. Der Roman „Drei Nächte" Hermann Stehrs, des in der Stadt geborenen Dichters, handelt in diesem Turm; von hier aus, hoch über der Glatzer Neiße, schaut man weit in das Glatzer Bergland, das „Herrgotts-Ländchen", hinein. Die Stadtbefestigung zählt zu den am besten erhaltenen Schlesiens. Einen großen Aufschwung nahm die Stadt durch Ansiedlung von drei Zündholzfabriken nach 1860.

217 Der WÖLFELSGRUND in geschützter Lage am Fuße des Glatzer Schneeberges entwickelte sich zu einem vielbesuchten Luftkurort und Wintersportplatz. In einer engen Schlucht stürzt aus einer Höhe von 28 m mitten im Ort der Wölfelsfall herab, Preußens größter Wasserfall. In die Wölfel münden die Wasser vom Westhang des Schnee- und des Schwarzen Berges. Inmitten alter Wälder wurde der Ort im 16. Jh. als Holzfäller- und Köhlerdorf angelegt. Die Bergkapelle „Maria Schnee" am Spitzigen Berg mit ihrem Gnadenbild hat schon viele Pilger gesehen, die frühere Holzkirche mußte 1781 einem Steinbau weichen.

218 Der GLATZER SCHNEEBERG ist mit 1425 m höchste Erhebung des Glatzer Schneegebirges und des Glatzer Berglandes überhaupt. Das Gebirge zieht sich vom Mittelwalder Paß, auf böhmischer, mährischer und schlesischer Seite ansteigend, bis zum äußersten Ostzipfel des Kessels hin: ein mächtiges Gneismassiv, das sich in die Länge und gewaltig in die Breite erstreckt. Sein kahles, breites Haupt ist weithin sichtbar. Von hier aus haben sich nach allen Seiten Gebirgsbäche tief in das Massiv eingegraben; dadurch sind schluchtenartige Täler entstanden, so daß die Gebirgskämme strahlenförmig von der höchsten Erhebung her auseinanderstreben. Am südlich gelegenen Eschenberg in Böhmen, 1145 m, liegt die Wasserscheide zwischen drei Meeren: Die Wasser der March fließen über die Donau ins Schwarze Meer, die der Leipe über Adler und Elbe in die Nordsee und die der Glatzer Neiße über die Oder zur Ostsee. Man fühlt sich unwillkürlich an das Lied erinnert: „Und in dem Schneegebirge, da fließt ein Brünnlein kalt…" Das einstige Wahrzeichen, der 30 m hohe Kaiser-Wilhelm-Turm, lebt noch auf unserem Bild.

219 Der Umgang um die Sommerstube des mit Schindeln gedeckten Anwesens eines Handwerkers in OLBERSDORF bei Landeck verleiht diesem ein stattliches Aussehen. Der Werkstattbetrieb des Tischlers spielte sich in der wärmeren Jahreszeit größtenteils im Freien ab, zumal der Überbau notdürftig vor dem Wetter schützte und man darunter das noch unverarbeitete Holz zum Trocknen lagern konnte. Von da aus betrat man den Flur, in dessen Hintergrund, wie bei den Holzhäusern in Schlesien üblich, in der Mitte des Hauses der Herd stand. Später trennte man den Herd durch eine eingezogene Wand vom Flur.

220 Das HEUSCHEUERGEBIRGE bildet die höchste Erhebung des Quadersandsteins in Schlesien und zählt zu den großartigsten seiner Art. Vom Tale der Reinerzer Weistritz steigt es als schmale Hochebene an, deren Ränder steil, oft sogar senkrecht abfallen. Mit ihren markanten Umrissen ragt die „Große" neben der „Kleinen Heuscheuer" aus der 750 m hohen Karlsberger Hochebene heraus. Die drei Erhebungen gleichen gewaltigen Felsinseln. Verwitterungen durch Regen und Frost schufen in erdgeschichtlicher Zeit diese Felsenlabyrinthe mit tiefen Einschnitten und den vielgestaltigen Gesteinsbildungen, denen man in dieser Felsenstadt Namen wie „Blasebalg", „Großvaterstuhl", „Backofen" oder „Beladenes Kamel" gegeben hat. Von Wünschelburg gelangt man auf einer der schönsten Gebirgsstraßen Schlesiens hinaus nach Karlsberg. Über 665 Stufen steigt man von dort aus steil nach oben zum Gipfelplateau und „Schweizerhaus", in dem seit dem Ausbau von 1857 die Fremden übernachten können. Aus fast 1000 m Höhe bietet sich ein reizvoller Ausblick auf das Glatzer Bergland und weit nach Böhmen hinein.

221 GLATZ, die spätere Festungsstadt, erstmals 981 erwähnt, kam 1137 unter böhmische Oberherrschaft und wurde Anfang des 13. Jh. als deutschrechtliche Stadt ausgesetzt. Mit der gleichnamigen Grafschaft gelangte sie 1742 an Preußen, das die nach dem Dreißigjährigen Krieg entstandene Festung stark ausbaute. Die Bewohner von Glatz und der Grafschaft überhaupt waren anfangs nur schwer für Preußen zu gewinnen. Durch fürsorgliche wirtschaftliche Maßnahmen und seine Persönlichkeit gelang es Friedrich dem Großen jedoch, die Bevölkerung für sich einzunehmen. Der Handel war hier wichtigster Erwerbszweig.

222 Der im 14. Jh. begonnene Bau der PFARRKIRCHE Mariä Himmelfahrt in Glatz kam erst um 1430 zum Abschluß. Der Chor stammt aus dieser Zeit und wurde in der zweiten Hälfte des 15. Jh. eingehend erneuert. Dazu gehörten die Türme, Seitenschiffgewölbe und Jakobskapelle. Von 1660 bis 1670 kam es durch Andrea Carove, einen Polier des Architekten Carlo Lurago, zum barocken Umbau. Dabei ist die ursprünglich gotische Anlage stark verändert worden. Der strenge mittelalterliche Raum wurde dem Zeitgeist angepaßt. Die Seitenschiffe hat man erhöht, um Emporen einzubauen. In Verbindung mit einer in Stuck vorgeblendeten Pilasterarchitektur und einer üppigen Dekoration der Gewölbe im Mittelschiff bekam der Raum den Charakter einer jesuitischen Saalkirche. Große Engel mit den Sinnbildern der Lauretanischen Litanei, Altäre, Kanzel und Beichtstühle vollendeten bis 1728 das barocke Ensemble. Nach der Aufhebung des Jesuitenordens wurde die Kirche katholische Pfarrkirche. Da die Grafschaft Glatz zur Erzdiözese Prag gehörte, residierte an der Kirche der Generalvikar des Prager Erzbischofs.

223 Die Papiermühle in BAD REINERZ gehört zu den ältesten Schlesiens. Eine Inschrift bezeugt das Jahr 1605. In ihr wurde „milbenfreies“ Büttenpapier für Staatsurkunden des Reiches hergestellt. Den 1562 bereits urkundlich erwähnten Gründer Georg Kretschmer hat Kaiser Rudolf II. als von Schenkendorf geadelt. Der als „Reinharcz“ bereits 1324 benannte Ort erhielt schon damals Stadtrechte und hat Aufschwung und Wohlstand erlebt: durch Textil-, Papier- und Glasproduktion, seine Heilquellen. Eine vielgerühmte Sehenswürdigkeit: die „Walfischkanzel“ in der gotischen Kirche mit dem barockisierten Turm.

224 ALBENDORF am Fuße des Heuscheuergebirges ist der berühmteste Wallfahrtsort Schlesiens. 1330 wird es als „Alberti villa“ erstmals genannt. Die Marienwallfahrt ist um die Mitte des 16. Jh. bezeugt. Durch Ritter Daniel Paschasius von Osterberg, von 1677 bis 1711 Grundherr von Nieder Rathen, erhielt die Wallfahrtskirche ihre Note. Er hatte in dem Buche „Leben Christi“ einen Plan Jerusalems gefunden und zwei Reisen dorthin unternommen. Um dem Volk einen Ersatz für die Pilgerfahrt in das Heilige Land zu bieten, ließ er ein „schlesisches Jerusalem“ entstehen. Die 1710 geweihte große Wallfahrtskirche sollte den Tempel versinnbildlichen. Zwölf Tore, Kapellen, ein Kalvarienberg und das Hl. Grab erinnern an die Leidensstationen. Die Kirche baut sich über der hier abgebildeten Treppe mit 33 Stufen auf, den Lebensjahren Christi entsprechend. Im Innern befindet sich in einem ovalen Kuppelraum das Gnadenbild und ein rechteckiger Umgang mit vielen Kleinkapellen. Jährlich wallfahrteten etwa 100 000 fromme Pilger hierher. Seit 1693 wurden die „Passionszüge in lebenden Bildern“ aufgeführt.

225 Im nordwestlichen Winkel der Grafschaft Glatz am Süd-West-Rand des Eulengebirges breitet sich NEURODE zu beiden Seiten der Walditz aus, an der wir hier die Häuser mit der Marienlaube erblicken. Seine Gründung nach deutschem Recht soll vor 1336 erfolgt sein. In der Oberstadt legte man planmäßig einen Ring mit schönen Laubenhäusern und einem Rathaus an. Nicht weit davon steht das 1796 neu erbaute Schloß, seit 1821 Besitz der Grafen Magnitz; von 1899 an beherbergte es die Bergbauverwaltung ihrer hiesigen Kohlengruben. Die Stadtpfarrkirche St. Nikolaus, errichtet 1885 bis 1887, geht auf 1515 zurück.

226 Das Eulengebirge bildet ein Bindeglied in der Sudetenkette zwischen Waldenburger und Glatzer Bergland: ein langgezogener, meist bewaldeter Gneisrücken. Auf seinem Kamm findet man nur Fichtenbestände, in seinen Vorbergen dagegen auch Mischwald. Das Gebirge senkt sich von seiner höchsten Erhebung, der HOHEN EULE mit 1015 m, in nahezu gerader Linie nach Südosten ab. In winterlichem Gepräge ragt der 1905 erbaute Bismarckturm 24 m hoch auf. Eine Schutzhütte bietet den zahlreichen Wanderern bei aufkommendem Unwetter Unterschlupf und gewährt gastliche Einkehr. Man genießt von hier aus eine außergewöhnliche Rundsicht über die Sudeten vom Isergebirge bis zum Mährischen Gesenke und nach Nordosten zwischen Zobten und Geiersberg bis hin nach Breslau. Weitere Erhebungen sind die Sonnenkoppe (952 m), die Ascherkoppe (856 m), der Hohe Stein (815 m), die Strohhaube (740 m) und der Donjon bei Silberberg (686 m). Vom Otterstein, einem kahlen Felsen, schaut man weit hinein ins Glatzer Land. Steinseifersdorf und Kaschbach ziehen sich in einem engen Tal bis weit in das Gebirge.

227 REICHENBACH in der Ebene vor dem Eulengebirge wurde als Stadt nach deutschem Recht bereits vor 1230 vermutlich von Tuchmachern und Leinewebern aus dem im Vogtland gelegenen Reichenbach gegründet. Die handwerklichen Fähigkeiten seiner Bürger trugen zur wirtschaftlichen Entwicklung entscheidend bei. Auf dem weitläufigen Ring ist der letzte Rathausbau aus den Jahren 1873—1875 zu sehen. Die katholische Pfarrkirche St. Georg von 1258 ist im 16. und 17. Jh. ausgebaut worden. Nach Plänen des Architekten Carl Gotthard Langhans wurde von 1795 bis 1798 die evangelische Kirche errichtet.

228 Der SPEISESAAL im Haus Schoeler am Ring in Reichenbach steht für Wohlstand dieser rührigen Stadt. Sie erlebte im 18. Jh. einen kräftigen Aufschwung ihrer Wirtschaft, den sie vornehmlich dem stark gestiegenen Ausstoß baumwollener, zunächst nur hier am Ort erzeugter Stoffe (Barchent) verdankte. Später führte man englische Maschinengarne ein, was den Niedergang der Leineweberei am Eulengebirge zur Folge hatte, Arbeitslosigkeit verursachte und schließlich die Weberunruhen vom Jahre 1844 auslöste. In diesem Jahrhundert ließen sich Zellwoll- und Elektroindustrie und eine Webstuhlfabrik nieder.

229 In LAUTERBACH befindet sich das mehrgeschossige Fachwerkhaus, das durch die großzügige und eigenwillige Gestaltung, zumal die des Daches, auf einen wohlhabenden Erbauer hinweist. Auch dem instandgehaltenen vorbildlichen Äußeren mit den Obstbäumen im Vorgarten ist anzusehen, welche Mühe seine Besitzer immer wieder aufgewandt haben. Holzfachwerkbauten sind vornehmlich in germanischen Ländern anzutreffen, in Deutschland besonders in Niedersachsen, Westfalen, Hessen, Süddeutschland. Durch deutsche Kolonisten, vor allem aus Franken, kam die Bauweise nach Schlesien.

230 Vor stattlichen Bürgerhäusern am Ring in SCHWEIDNITZ steht das Denkmal Friedrichs des Großen, über den sich Maria Theresia zu Recht beklagte, weil er ihr in den Schlesischen Kriegen den „Garten Schlesien“ genommen hatte und ihr nur den „Zaun“ beließ. Die Stadt, 1243 erstmals erwähnt, entstand an der neu angelegten Straße entlang der Preseka und übernahm als Ratsort für Kauf- und Fuhrleute die militärischen Aufgaben der bisherigen Kastellanei „Gramolin“; denn hier führte die Straße vom Schlesiertal nach Böhmen. Stadtgründung nach deutschem Recht. Hauptstadt des gleichnamigen Herzogtums und neben dem „Fürstenstein“ Residenz der „Bolkonen“. Nach dem Tod der Herzogin Agnes (1392) kam es zur böhmischen Krone. Kaiser Rudolf II. gewährte 1580 endgültig die freie Ratswahl. Das schon 1291 erwähnte Kaufhaus auf dem Ring war zugleich Rathaus; Neubau 1717—1720. Der Aufschwung zum Handelsplatz geht auf das 14. Jh. zurück; im 17./18. Jh. verlor er an Bedeutung; durch Industrieniederlassungen im 19. Jh. erneuter Wohlstand. Schweidnitz war seit 1640 ununterbrochen Garnisonstadt.

231 Die FRIEDENSKIRCHE in Schweidnitz ist in baugeschichtlicher Hinsicht nicht nur die bedeutendste der drei Friedenskirchen, die den Protestanten der schlesischen Erbfürstentümern im Westfälischen Frieden zugestanden wurden, sie ist mit 3000 Sitz- und 4500 Stehplätzen auch die größte. Die aus dem Kreuzgrundriß entwickelte Holzkonstruktion ist ein technisches Meisterwerk, das der Tischlermeister Andreas Kempner nach Plänen des Breslauer Ingenieurleutnants Valentin von Saebisch geschaffen hat. Der Bau wurde 1657/58 vor den Toren der Stadt ausgeführt und 1659 um eine großräumige Sakristei erweitert. Logenartige Einbauten legte man noch bis ins 18. Jh. hinein an. Der freistehende hölzerne Glockenturm durfte erst 1710 erstellt werden. Der Innenraum ist allseitig von Emporen umzogen, deren Stützen die flache Decke tragen. Beeindruckend die 1693 von den Malern Süßenbach und Karlitschke vorgenommenen Ausmalungen und das reich dekorierte Schnitzwerk der Logen und des Altars von 1752, über dem sich eine kleine Orgel (1695) erhebt. Der Raum ist ein Zeugnis evangelischer Bekenntnisfreude.

232 Die STADTPFARRKIRCHE in Schweidnitz geht auf das Jahr 1239 zurück und muß schon damals ein Massivbau gewesen sein, da sie den Stadtbrand von 1313 überstand. Der ältere Bau wurde im 14. Jh. durch einen gotischen Neubau ersetzt, an dem Meister Jacob tätig gewesen sein muß, der in Striegau als Schweidnitzer Meister nachgewiesen ist. Die Lage am Steilhang bot die Möglichkeit, unter dem Chor eine Krypta als zehnseitigen Zentralraum mit Mittelsäule anzulegen. Nach einem Brand von 1532 wurde die gotische Basilika stark verändert. Das Gewölbe des Mittelschiffs legte man tiefer, die überlangen Fenster des Chors hat man um ihr oberes Drittel verkürzen müssen. Nachdem die Jesuiten 1561 die 1633 evangelisch gewordene Kirche übernommen hatten, erhielt sie ihre großartige barocke Ausstattung, die sich in dem von dem Jesuiten-Laienbruder Johann Riedel gestalteten Hochaltar mit dem von sieben Säulen getragenen Kranzgesims ausdrückt. 1739 kam die Ausmalung durch den Brünner Maler Etgens hinzu. Am mittleren der vier Portale erscheinen der hl. Wenzel und Maria mit dem Kinde (15. Jh.) als Figurenschmuck.

233 Der Altarschrein im BÜRGER-CHORALTAR der katholischen Pfarrkirche in Schweidnitz von 1492, ein beachtenswertes barockes Schnitzwerk aus der Schule des Veit Stoß, zeigt eine lebensvoll aufgefaßte Gruppe um den Tod Mariens angesichts der Apostel unter Anführung des hl. Petrus, hier im Ausschnitt. Das Filigran des Schnitzwerkes schließt das Altarbild nach oben ab. Die Kirche selbst wurde von 1325 bis 1488 als Basilika in gotischem Stil erbaut und St. Stanislaus und St. Wenzel geweiht; um 1700 innen barockisiert. Höchster Kirchturm Schlesiens (103 m) mit dreimal durchbrochenem Helm (1565).

234 In den Jahren 1776 bis 1779 wurde in FREIBURG nach Plänen von Christoph Friedrich Schultze die evangelische Kirche erbaut; sie besaß einen kunstvoll gestalteten Kanzelaltar und von Säulen getragene weitläufige Emporen, die ohne Ausmalung eher schlicht wirken. Nachdem die Katholiken ihre im 16. Jh. evangelisch gewordene Pfarrkirche St. Nikolaus 1653 wieder zurückerhielten, mußten die Evangelischen der Stadt den Gottesdienst in der 10 km entfernten Schweidnitzer Friedenskirche besuchen. Seit 1741 wurde freie Religionsausübung gewährt. Schon im 16. Jh. gab es hier auch eine evangelische Schule.

235 Am Fuße der nach ihr benannten Berge liegt die Stadt STRIEGAU, deren Gründung auf Herzog Heinrich III. von Schlesien im Jahre 1242 zurückgeht: planmäßig angelegt mit einem rechteckigen Ring und einer doppelten Stadtmauer, die als Sperrfestung gegen die Gebirgspässe gedacht war. Der barocke Turm des Rathauses stammt aus dem Jahre 1672. Die von den Johannitern 1239 errichtete gotische Pfarrkirche St. Peter und Paul mit den berühmten Portalen gehört zu den eindruckvollsten Kirchen Schlesiens. Ihre Türme blieben unvollendet. Berühmtester Sohn Striegaus ist Johann Christian Günther.

236 Die drei STRIEGAUER BERGE mit ihren Namen Georgen-, Kreuz- und Breitenberg beschrieb der Volksmund: „Ee Striezel und zwee Quärge, doas sein de Strieger Bärge!“ Nachdem die alten Haupterwerbszweige der Tuchmacherei für die Stadt als Einnahmequelle verloren gingen, konnte man im 19. Jh. den Ausfall durch die Granitgewinnung wettmachen. Dafür bildete der Eisenbahnanschluß (1856) zwischen Frankenstein und Liegnitz die beste Voraussetzung. Als Werkstück für repräsentative Bauten wie den Deutschen Reichstag, bei Brückenbauten, als Grab- und Pflastersteine wurde er bekannt. Auch bodenständiger Basalt ist hier vor Ort verarbeitet worden. Friedrich Samuel Bartsch hat schon Ende des 18. Jh. hier den größten Steinbruch betrieben. Für die Granitgewinnung hat ein Nachkomme der Familie den „Stockhammer“ mit auswechselbarem Einsatz verschiedener Zahnungen erfunden, den er in seiner eigenen Stockhammerfabrik fräste, schmiedete und härtete. Als „Bartschhammer“ wird er noch heute in aller Welt hergestellt. Haupteinnahmequellen blieben der Handel mit Landesprodukten und das Bauwesen.

237 Im Mittelpunkt des Waldenburger Berglandes erstreckt sich das um 1400 nach deutschem Stadtrecht begründete WALDENBURG, eine offene Marktsiedlung mit rechteckigem Ring. Die innen barocke katholische Marienkirche von 1714 geht auf das Jahr 1250 zurück. Nach Plänen von Carl Gotthard Langhans entstand von 1785 bis 1788 die evangelische Kirche. Das Rathaus stammt von 1856. Mit der Leineweberei entwickelte sich die Stadt wirtschaftlich erst seit dem 16. Jh. Der Bergbau hatte schon 1366 hier seinen Anfang genommen; seit dem 17. Jh. gewann das Steinkohlenrevier zunehmend an Bedeutung.

238 In und um WALDENBURG erstreckt sich das größte Industriegebiet Niederschlesiens. Im Bild ist der BAHNSCHACHT mit dem Stickstoffwerk zu sehen. Seit der Mitte des 19. Jh. gewann der Kohlenbergbau an Bedeutung und hat sich durch den Ausbau der Verkehrswege einen entsprechenden Absatzmarkt verschaffen können. Kohleverarbeitende Betriebe, wie Hüttenwerke und Porzellanindustrie, ließen sich nieder und boten zahlreiche Arbeitsplätze. So nahm die Bevölkerung der Stadt selbst und der Nachbargemeinden stark zu. Die Fürsten von Pleß behielten als Grundbesitzer beherrschenden Einfluß.

239 Die KYNSBURG, malerisch über dem Weistritztal gelegen, gehört zur Befestigungsanlage, die Herzog Bolko I. von Schweidnitz um 1315 gegen Böhmen errichten ließ. Wegen verwandschaftlicher Beziehungen dahin verlor sie bald an Bedeutung. Zunächst befand sie sich als herzogliches Lehen im Besitz der Burggrafen Kilian von Haugwitz, Peczko Eycke und der Herren Schof. Nachdem sie 1392 an die Böhmische Krone gelangt war, übernahmen königliche Landeshauptleute die Burg als Pfandbesitz. Von 1852 an war sie Besitz der Freiherren von Zedlitz-Neukirch, die dem weiteren Verfall Einhalt geboten.

240 Auf der Anhöhe, wo heute das schon seit 1393 so benannte Schloß FÜRSTENSTEIN unweit Liebichau emporragt, hatte zuvor eine von Herzog Bolko I. von Schweidnitz erbaute Burg gestanden. Das größte schlesische Schloß hoch über der Hellebachschlucht befand sich seit 1509 im Besitz der Grafen von Hochberg, seit 1847 zugleich Fürsten von Pleß. Der Majoratsbesitz umfaßte etwa 10 000 Hektar, dazu kamen Bergwerke und das Bad Salzbrunn. Von 1772 bis 1774 entstand der Barockbau mit 400 Zimmern. Kernstück ist der Bergfried als ältester Teil der frühen, im 16. und 17. Jh. entstandenen Gebäudeteile. Den letzten Trakt des fünfgeschossigen Schlosses ließ Fürst Hans Heinrich XV. von Pleß zwischen 1908 und 1923 erbauen. Als Architekt wurde Felix Anton Hammerschmied benannt, die Steinmetzarbeiten führte Johann Schwibs aus Schweidnitz aus. Die Deckenmalereien stammen von Felix Anton Scheffler. Balkon und Terrasse an der Südseite sind das Werk Georg Heinrich Hitzigs. Auf der Kastanienterrasse ist der Donatello-Brunnen zu sehen, nach dem Bildhauer aus Florenz, dessen Plastiken als Vorbild dienten.

241 Schlesiens meistbesuchter Badeort war BAD SALZBRUNN im Waldenburger Bergland, schon 1221 als „Salczborn“ erwähnt und eine Gründung nach deutschem Recht. Seit 1352 wird der im Tal des Salzbaches südlich von Niedersalzbrunn gelegene Ort Obersalzbrunn genannt. Er gehörte zur Herrschaft Fürstenstein, von 1509 bis 1934 der Familie Hochberg-Pleß; bis 1945 Staatsbad. Durch die seit 1815 eingeleitete Entwicklung, welche Dr. August Zemplin maßgeblich beeinflußte, werden die kohlensäurehaltigen, alkalischen Mineralquellen zu Bade- und Trinkkuren benutzt. Bereits 1825 wurden 115 000 Flaschen des Salzbrunner Wassers versandt. Für die Bekanntmachung der Quelle sorgte unter anderem der Breslauer Arzt Dr. Ebers, dessen lungenkranke Frau nach einem Kuraufenthalt 1912 völlig gesundete. Es folgten bald prominente Gäste. Der wachsende Zuspruch ermöglichte den Ausbau der Kuranlagen, der Herbergen und Promenaden, die sich über den Kurort erstreckten. In dem Hotel „Zur Preußi-

242 Wie gern setzte man sich doch nach arbeitsreichen Stunden oder Tagen in einem Dorfwirtshaus, dem Kretscham, gemütlich zusammen, wie hier in LIEBICHAU. Bei Bier und Korn und Kartenspiel erfuhr man so manche Neuigkeiten. Doch auch zum Tanze traf man sich und sang ein Lied: „Woas werd siech bluß mei Hansla denka,/doaß ar nimmer zu mir kimmt./Ich war'n missa wuhl woas schenka,/doaß ar mich zum Tanza nimmt./Wie die Geigla hoan geklunga,/sein mer im die Saule rimgesprunga./Ju, doas woar duch werklich schien.“ So also ging's in der „Schläsing“ zu, immer „hibsch gemittlich“.

243 Dieses kompakte Fachwerkhaus mit seinem Mansarddach und der Parterreverkleidung steht in WÜSTEGIERSDORF. Das Firmenschild deutet auf einen Handwerker hin. Als „Neu-Gerhardisdorf" wird der Ort erstmals 1305 erwähnt und gehörte zum Burgbezirk Hornschloß. Mit diesem ging er 1509 in den Besitz der Familie Hochberg auf Fürstenstein über. Nach Zerstörung in der Hussitenzeit kam es im 16. Jh. zur Wiederbesiedlung durch sächsische Bergleute. Der Bergbau mußte bald eingestellt werden; dafür kam die Leineweberei, bis 1838 die mechanische Baumwollweberei der Firma Großmann diese ablöste.

244 In einer Senke zwischen dem das Riesengebirge im Osten begrenzenden Landeshuter Kamm und dem Waldenburger Bergland liegt LANDESHUT, zwischen 1289 und 1292 durch Herzog Bolko I. von Liegnitz als befestigte Kolonistenstadt im böhmisch-schlesischen Grenzwald ausgesetzt. Ihr wurde schon 1334 die freie Ratswahl zugestanden. Alte Straßenverbindungen von Schlesien nach Prag überwanden hier das Gebirge. Die Stadt ist gitterförmig angelegt; Laubenhäuser rahmen den rechteckigen Ring ein. Wegen des Einflusses des Abtes von Grüssau nahm man erst 1562 die Reformation an. Die Paßlage brachte der Stadt in den Kriegswirren zwischen dem 15. und 18. Jh. mehrfache Verwüstungen ein. Nach dem Verfall der Leine- und Schleierweberei kam die Wirtschaft durch Leder- und Schuhindustrie, Textilmaschinenbau und Feineisenherstellung zu neuer Blüte. Die katholische Pfarrkirche Peter und Paul von 1295 ist 1600 erneuert worden. Zwischen 1709 und 1720 entstand die barocke evangelische Gnadenkirche Zur Hl. Dreifaltigkeit nach dem Vorbild der Stockholmer Katharinenkirche durch Martin Frantz.

245 Durch seine Holzlaubenhäuser, die „Zwölf Apostel“, ist SCHÖMBERG bekannt geworden. Sie gehören zu einer ehemaligen Webersiedlung und sind im Jahre 1707 entstanden, als die Handweberei die Bewohner ernährte. Als Geschenk König Wenzels II. war der Ort 1289 an Herzog Bolko I. gekommen, gehörte aber noch bis 1500 zum Erzbistum Prag. Schömberg blieb ein Ackerbürgerstädtchen und hat zeitweise den Stadtcharakter verloren, bis ihm 1580 durch den Kaiser die Stadtrechts- sowie Wochen- und Jahrmarktsprivilegien erneut zugesprochen wurden. Dazu trug im 16. Jh. die im schlesischen Gebirge sich ausbreitende Leineweberei bei. Durch den Grüssauer Abt Bernhard Rosa erhielt es schöne Barockbauten: die Pfarrkirche St. Joseph 1670, das Rathaus 1687 und die steinernen Laubenhäuser am Markt, die Leinenhandelsherren gehörten. Die schlesischen Weberunruhen wirkten sich auch hier aus. In Schömberg und in den umliegenden Dörfern hielt sich die Hausweberei bis in das 20. Jh. 1927 gab es noch 47 Weberfamilien. Sie übten das Handwerk als Nebenverdienst aus. Von 1874 an ließen sich drei Textilfabriken nieder.

246 Die Herzogin-Witwe Anna und ihr Sohn Boleslaus gründeten am 8. Mai 1242 das Kloster GRÜSSAU für Benediktinermönche aus Opatowitz in Böhmen. Die Mönche sollten das Tal der Zieder urbar machen, das ihnen „mit allem, was sie mit eigenen Händen und Kosten roden würden, zu ewigem Besitz übergeben ward". Zisterzienser aus Heinrichau übernahmen 1292 das Kloster. Mit Abt Bernhard Rosa begann 1662 „Grüssaus goldenes Zeitalter", in dem die später von Michael Willmann ausgemalte Josephskirche entstand. Die zweitürmige Fassade der Kirche deutet auf enge Beziehungen zum böhmischen Barock hin.

247 In Wiesen und Felder eingebettet liegt unweit des Bobers der zu RUDELSTADT gehörende „Eichhof", ein stattlicher Bauernhof mit langgestrecktem Wohn- und Stallgebäude, großer Scheune, Geräteschuppen und vermutlich einem Gesindehaus. Ein Teil des dahinter liegenden Waldes gehört gewiß zu diesem Besitz. So manches Bauerngut im schlesischen Vorgebirge war ähnlich angelegt. Rudelstadt ist zunächst als Rudelsdorf, 1278 als „Rudolphi villa" ausgewiesen. Als im 18. Jh. der schlesische Bergbau aufblühte, versuchte Hans Friedrich Freiherr auf Rudelsdorf die in den Schlesischen Kriegen erlittenen Verluste durch Bergbau auszugleichen. So ließ er in die Gemarkung 40 Bergleute aus Sachsen kommen, die in vier Gruben die Förderung kupfer- und arsenhaltiger Erze aufnahmen. In der Nähe von Rudelstadt gründete er mit 45 Häusern die Bergmannskolonie Adlersruh. Er vermochte für die Bergleute einiges durchzusetzen und erreichte für Rudelsdorf die Erhebung zur Bergstadt Rudelstadt. Es besitzt eine Kirche aus dem 14. Jh. und ein Schloß, dessen jetziger Bau 1846 entstanden ist.

248 HIRSCHBERG im Riesengebirge, hier im Luftbild sichtbar. Den alten Stadtkern mit seinem von Laubenhäusern umgebenen Ring und dem von 1744 bis 1749 neu errichteten Rathaus in der Mitte umgeben fast lückenlos nach Abbruch der Stadtbefestigung breit angelegte Promenadenstraßen. Eine erste Erwähnung als „Hyrzberc" erfolgte 1281 „aus wilder Wurzel"; als deutsche Stadtgründung durch Herzog Bolko I. von Löwenberg wird es für 1288 bezeugt. Leine- und Schleierweberei trugen im 16. und 17. Jh. zum Wohlstand bei, der in den Barock- und Rokokofassaden mancher Bürgerhäuser zum Vorschein kommt.

249 Ansehnliche LAUBENHÄUSER umgeben den Hirschberger Marktplatz von allen Seiten, was selbst in den Alpenländern oder Italien, wo diese Bauweise heimisch ist, selten vorkommt. Inzwischen wohnen in den Häusern keine Kaufherrenfamilien dieser einst bedeutsamen Handelsstadt im Riesengebirge mehr. Manche Barockfassaden, wie hier an der Nordseite des Ringes, bezeugen den Wohlstand der einstigen „Schleierherren". Bezeichnungen wie Tuch- oder Kornlaube deuten auf die Waren hin, mit denen man handelte. Der Turm der Stadtpfarrkirche aus dem 14. Jh. ragt im Hintergrund über die Dächer empor.

250 Als Eingangstor zum Riesengebirge war Hirschberg seit eh und je eine vielbesuchte Stadt, in der man sich gern aufhielt. In den dreißiger Jahren fand hier alljährlich eine RIESENGEBIRGSWOCHE statt. Auf dem von schönen Laubenhäusern umgebenen Ring mit seinem Rathaus aus dem Jahre 1749 herrschte in den geschmückten Straßen und Gassen ein buntbewegtes festliches Treiben. Damals kam es zur Aufführung des Festspiels „Zwischen Mauern und Türmen" von Fedor Sommer, worin sich das wechselhafte Schicksal dieser Stadt widerspiegelte. Vielen blieben diese Tage ein unvergeßliches Erlebnis.

251 Die Protestanten in Hirschberg erhielten nach zähem Ringen und großem Geldaufwand 1709 die Genehmigung zum Bau der GNADENKIRCHE ZUM KREUZE CHRISTI. Sie verdankt ihre Entstehung der Vermittlung Karls XII. von Schweden am Wiener Hofe. Nach der religiösen Bedrückung der evangelischen Schlesier in der habsburgischen Zeit konnten sie in den Vereinbarungen von Altranstädt endlich ihr Recht auf freie Religionsausübung und die Errichtung von „Gnadenkirchen“ durchsetzen. Diese in Hirschberg ließen sie durch den im damals schwedischen Reval geborenen Liegnitzer Baumeister Martin Frantz nach dem Vorbild der Stockholmer Katharinenkirche in neunjähriger Bauzeit errichten. Der Grundriß besitzt die Form eines Kreuzes. Durch einen Brand (1806) wurde die Kirche teilweise zerstört. Die massiven Gewölbe hielten dem Feuer stand; so blieben der Innenraum mit der großartigen Barockorgel des Berliner Orgelbauers Röder, die Sandsteinkanzel von 1717 und die von Franz Hoffmann ausgemalte Vierungskuppel sowie die Fresken über dem Altar von Scheffler erhalten.

252 SCHLOSS FISCHBACH am Fuß der Falkenberge ist ein schon im Mittelalter bezeugter Rittersitz und nach häufigem Besitzerwechsel 1580 in das Eigentum der Familie von Canitz gelangt. Die Portalinschrift von 1603 besagt, damals sei Burg Fischbach errichtet und ausgeschmückt sowie mit Mauer, Graben, Turm und anderen Gebäuden durch Christoph Friedrich von Canitz versehen worden. Das Schloß galt als Bauwerk der schlesischen Renaissance, im 18. Jh. barock umgebaut und nach dem Vorbild von Erdmannsdorf 1844 durch Stüler gotisiert. Im Schloß befanden sich stilvolle mittelalterliche Glasgemälde.

253 Die Holzschnitzschule in Bad Warmbrunn wurde 1902 gegründet. Cirillo dell' Antonio wirkte an ihr als Lehrer und von 1922 an als ihr Leiter. Der in Moena in Südtirol geborene dell' Antonio brachte aus seiner Heimat Erfahrungen mit und machte die später als Kunsthandwerkerschule bezeichnete einzige deutsche Meisterschule für Holzbildhauer weit über Schlesiens Grenzen hinaus bekannt. Ihn zeichneten überragendes handwerkliches Können, bildnerische Begabung und pädagogische Fähigkeiten aus. Wegen seines Einsatzes für die Schule in den schwierigen Jahren des Ersten Weltkrieges und danach wurde er 1921 zum Professor ernannt. Als Lehrer wirkten der Bildhauer Volland und Günther Grundmann (Kunstgeschichte). Dell' Antonio schlug seine Figuren ohne Tonmodell unmittelbar aus dem Holz. Das klassische Schönheitsideal seiner südlichen Heimat verbindet sich bei ihm mit der in den schlesischen Jahren gewachsenen Herbheit. Seine tiefe Religiosität fand in Madonnen- und Christusdarstellungen sowie in innig und volksnah gestalteten Weihnachtskrippen Ausdruck.

254 Die JOSEPHINENHÜTTE im Schreiberhauer Ortsteil Weißbachtal am Zacken ist die größte und bekannteste Glashütte und Glasschleiferei Schlesiens. Das reiche Vorkommen an Quarzsanden begünstigte das Gewerbe beiderseits des Gebirges. Diese Hütte geht auf 1841 zurück und gehörte den Grafen Schaffgotsch; sie wurde von Franz Pohl modernisiert. Venezianische Glasbläser waren die Lehrmeister der Gebirgsbewohner. Holz lieferte das Riesengebirge genug, um Holzkohle zu brennen. Von 1617 an befanden sich Glashütten im Besitz der Familie Preußler. In Petersdorf arbeitete eine weitere Glashütte.

255 Dieser GOLDRUBIN-POKAL ist ein noch erhaltenes Stück aus dem Hüttenmuseum der Graf Schaffgotschen Josephinenhütte in Schreiberhau. Was die schlesischen Glasmacher aus ihren Blasrohren an kristallenen Kostbarkeiten hervorzauberten, fand weit über Schlesien hinaus Beachtung. Kein Zufall, daß sich die Gläser der Josephinenhütte im Kaiserhaus, aber auch bei jeder gut bürgerlichen Familie, im In- und Ausland, steigender Bewunderung und Beliebtheit erfreuten. So haben Vasen und Pokale, Schalen und Kelche sowie andere kleine geschliffene Behältnisse überall ihre Abnehmer gefunden. Ende des 19. Jh. begannen die Grafen Schaffgotsch die Hütte zu modernisieren. Die Feueröfen wurden nunmehr mit Gas beheizt und nicht mehr wie zuvor mit Holz. Grundstoffe wie Pottasche und Quarzsand bezog man vorgefertigt. Durch Zugabe von Soda, Kalk und Oxiden gewann man ein zauberhaft schönes Glas. Kobalt bewirkt blaue, Selen gelbe, Graphit silberne, Chrom grüne und Goldrubin rötliche Färbung. Im Verbund mit der Gravur entstand manches Wunderwerk aus Glas, durch Meisterhände geschaffen.

256 Vor dem mächtigen, noch schneebekränzten Kamm des Riesengebirges, hier Schneekoppe, Melzergrund, Schwarze Koppe und Schmiedeberger Kamm, liegt im Tal der Eglitz SCHMIEDEBERG an einem schönen Frühlingstag vor uns: ein Anblick, bei dem man verweilen möchte. Die Stadt ist aus einer einst langgestreckten mittelalterlichen Bergarbeitersiedlung hervorgegangen und verdankt den heimischen Bodenschätzen ihre Entstehung, vorwiegend Magneteisenstein in dem östlich angrenzenden Landeshuter Kamm. Die Sage vom Beginn des Bergbaus im Jahre 1148 geht an der historischen Wahrheit vorbei. Ein erster Beleg stammt aus dem Jahre 1355. Herzog Heinrich II. und seine Gemahlin Agnes sicherten damals Hirschberg zu, daß der in Schmiedeberg geförderte Eisenstein nur im Weichbild Hirschbergs verhüttet werden sollte. Erst 1513 erlangte Caspar Schoff (Schaffgotsch) von König Wladislaus von Böhmen das volle Stadtrecht für Schmiedeberg. Später wurde es einer der wichtigsten Leinenhandelsplätze Schlesiens. Seine Erzeugnisse gelangten bis nach Amerika. Im 19. Jh. folgten Porzellan-, Textil- und Teppichindustrie.

257 In den Niederlanden gelangte die Damastherstellung zur Blüte. Stoffmuster durch den Wechsel der Bindungsart kennt man in Schlesien seit der Mitte des 17. Jh. vorwiegend in der Grüssauer Gegend. Seit 1747 hat Friedrich der Große in Hirschberg, Schmiedeberg, Tiefhartmannsdorf und Hohenliebenthal sächsische Damastweberfamilien ansässig gemacht. Diese schwierige Arbeit konnte man Hauswebern, die nebenher Landwirtschaft betrieben, nicht übertragen. Nur ein spezialisierter berufsmäßiger Weber, der mit dem komplizierten Zugwebstuhl umzugehen verstand, konnte eine solche Aufgabe bewältigen. Allein das Einrichten des Gerätes erforderte Fachkenntnis und Geschick. Die Muster der Damastwebarbeiten wiederholten sich allerdings. In Schlesien wie in Sachsen fertigte man Buntdamaste einfacherer Art in Blau und Weiß oder in Rot und Weiß; sie dienten breiteren Bevölkerungsschichten im täglichen Gebrauch. Die in Hirschberg, Schmiedeberg und Greiffenberg tätigen DAMASTWEBER trugen den unterschiedlichen Bedürfnissen Rechnung und stellten auch aufwendige Qualitäten mit Verzierungen her.

258 Die weit verstreut stehenden Häuser der Bergbauern im Riesengebirge besitzen häufig nur eine STUBE, die als Wohn- und Schlafraum und Küche dient. Der hohe Kachelofen hat geräumige Röhren zum Apfelbraten, auf der Sitzbank genießt man seine wohlige Wärme. Ein Holzgestell dient zum Trocknen durchnäßter Kleidung. Neben dem geräumigen Bett der Hausfrau steht die buntbemalte Bettstelle des Jüngsten. „Drei Monden Sommer, neun Monden Schnee,/ein Gott, ein Dach, zwei Geißen —/die Menschen sterben vor Heimweh,/wenn in die Fremde sie reisen", so lautet ein alter Spruch aus dem Gebirge.

259 Als die ersten Bergwanderer in das Riesengebirge heraufgestiegen kamen, gewährten ihnen die Bauden eine bescheidene Bleibe und ärmliche Bewirtung. Bereits Ende des 18. Jh. erfreuten sich Bergwanderungen großen Zuspruchs und lockten namhafte Besucher wie Theodor Körner, Goethe, Heinrich von Kleist an. Bald verwandelten sich einfache Bauden in Berggasthöfe oder gar in Berghotels. Neben die Baudenleute kamen Wirte aus Warmbrunn, Hirschberg und Schreiberhau hinauf. Die Bauden erhielten Aussichtsveranden, schmucke, meist mit Holz getäfelte Gaststuben und komfortable Fremdenzimmer anstelle der Strohsäcke, die einst neben den Kachelofen des einzigen Wohnraums gebreitet worden waren. Die von altersher gewohnte Gemütlichkeit durfte jedoch nicht fehlen. ZITHERSPIELER, wie in der Kleinen Teichbaude, sorgten für Unterhaltung und Stimmung, den oft gerühmten Baudenzauber, der den Gästen unvergeßlich blieb. Der Kleine Teich liegt 1168 m hoch; ihn und den Großen Teich hat der Volksmund als grundlos bezeichnet; doch ihre Tiefe beträgt nur 7 m. Sie sind in die etwa 200 m hohen zerrissenen Gebirgswände eingelassen.

260 Das Werk Carl Hauptmanns ist tief in der schlesischen Art verwurzelt. Will-Erich Peuckert sprach von ihm als dem „schlesischsten Dichter". Stand er auch zeitlebens im Schatten seines zu Weltruhm gelangten jüngeren Bruders Gerhart, so ist er dennoch eine eigenständige Erscheinung in der deutschen Literatur. Am 11. Mai 1858 erblickte er im Hotel „Preußische Krone" in Obersalzbrunn das Licht der Welt. Nach dem Schulbesuch in Breslau nahm er 1880 das Studium der Naturwissenschaften in Jena auf und schloß es mit einer Doktorarbeit ab. Immer stärker wandte er sich der Literatur zu. Schon nach der Übersiedlung nach Mittelschreiberhau kam sein „Sonnenwanderer" heraus. Das Schauspiel „Marianne", das Volksstück „Waldleute", der Roman „Mathilde", das „Rübezahlbuch" folgten. Er verkörperte den auch von ihm beschriebenen Rübezahl. Sein Roman „Einhart, der Lächler" ist sein reifstes und tiefstschürfendes Werk. Meister Poelzig schuf für ihn einen GRABSTEIN aus Keramik und läßt den Dichter ergreifend zu uns sprechen.

261 Unweit Schreiberhau, in der Nähe der Sudetenstraße, tost der KOCHELFALL, den die Kochelteiche der Kleinen Schneegrube speisen: die „Rauschende“ und die „Flinke Kochel“. Im Winter stellt er sich mit seinen bizarren Eisgebilden und dem durch die Kälte erstorbenen Wasserlauf dem Wanderer ganz anders dar als sonst. Oberhalb des Wasserfalls, der auf einer Länge von 20 m in die Schlucht stürzt, gibt es noch einen kleineren Kochelfall, der sein klares Gebirgswasser über eine glatte Felswand herabschüttet. Sommers, wenn die Schmelzwasser des Frühjahrs schon versiegt waren, ließen die Pächter das eigens gestaute Wasser unter Harfenklängen herabstürzen, um Fremden eine Sehenswürdigkeit zu bieten. Ebenfalls über Oberschreiberhau, vorbei an der Josephinenhütte, kann man auf einem 100 m langen, an den Felswänden abgesicherten Holzsteg durch die an der engsten Stelle nur etwa 2 m breite Zackelklamm zu dem Kessel gelangen, über dessen Felswand der Zackelfall (27 m hoch) aus 840 m Höhe in drei Absätzen brausend herabstürzt.

262 Die Schneegruben sind als hochwandige Nischen in den eigentümlich gleichförmigen Kamm des Riesengebirges eingesenkt. 250 m tief, sind diese großartigen Felsengründe bei Nebel und Schneesturm schon manchem Wanderer zum Verhängnis geworden. In ihrem Grunde hält sich der Schnee; nicht einmal hochsommerliche Sonne vermag ihm etwas anzuhaben. Ein etwa 12 m hoher Blockwall hat sich als Abgrenzung aufgetürmt, wohl der Trümmerwall einer eiszeitlichen Moränenlandschaft. Die Schneegruben sind wahrscheinlich Firnbecken gewesen. Die erste SCHNEEGRUBENBAUDE wurde 1837 erbaut.

263 Auf dem tiefverschneiten Riesengebirgskamm erlebt der Skiwanderer den nahen Koppenplan mit der böhmischen Riesenbaude rechts zum Riesengrund hin, links das Schlesierhaus oberhalb des Melzergrundes. Darüber erhebt sich 1605 m hoch die SCHNEEKOPPE: „die aale Gaake", wie sie der „Zutaberg" im „Bergkrach" von Paul Keller beschimpft. Dort oben stehen symbolhaft Wetterwarte, Laurentiuskapelle von 1665, Schlesische und Böhmische Baude. Bei klarem Wetter bietet sich von hier aus ein grandioser Ausblick ins Böhmische hinein bis nach Prag und ins Schlesische bis Breslau: ein seltenes Gipfelerlebnis.

264 Ein Blick über die verschneiten Wälder hin zum REIFTRÄGER und zum Kamm läßt den Zauber ahnen, der von diesen Bergen ausgeht. Die einzeln stehenden, von Schnee, Eis und Wind geformten Bäume hier oben ähneln Gestalten, die uns in den Sagen des hier hausenden Herrn der Berge Rübezahl begegnen, wenn nicht gar ihm selber: Wintermärchen. Keinem ist es besser gelungen, das Erlebnis dieser majestätischen Bergwelt in Worte zu fassen als Carl Hauptmann: „Wenn ich hoch oben geh',/schwinden die Qualen,/fängt mir die Sonne an/Schlösser zu malen./Und rings die weite Welt ist für mich hingestellt…"

ODER
Rothenburg
GRÜNBERG
Dt. Warthenbg.
Günthersdorf
Neusalz
Schlawa
(Schlesiersee)
FRAUSTADT
Heinzendorf
Tschirnau
(Lesten)
GUHRAU
Schlichtingsheim
Gr. Landgraben
Naumburg a.B.
FREYSTADT
Neustädtel
Beuthen a.O.
GLOGAU
Herrns
Gimmel
Köben
Winzig
Raudten
Bober
Sagan
SPROTTAU
Primkenau
Polkwitz
(Heerwegen)
Steinau
Queis
Mallmitz
Ob. Gläsersdorf
LÜBEN
WOH
Kotzenau
Brauchitschdorf
Dyhe
Leubus
Saganer Heide
Muskau
Priebus
Lausitzer Neiße
Parchwitz
Maltsch
Weißwasser
NIEDERSCHLESIEN
Haynau
LIEGNITZ
Spree
BUNZLAU
Wahlstatt
HOYERSWERDA
Ruhland
Wittichenau
OBERLAUSITZ
ROTHENBURG
Katzbach
Niesky
See
Penzig
Naumburg a.Q.
Gießmannsdorf
Pilgramsdorf
GOLDBERG
Höfel
Neuland
JAUER
Wünschendorf
Striegau
Striege
LAUBAN
LÖWENBERG
Rohnstock
Ebersbach
GÖRLITZ
Reichenbach
Lähn
Schönau
Hohenfriedebg.
Greiffenberg
Schmottseiffen
Freiburg
Schönberg
Bolkenhain
Marklissa
Liebenthal
Liebicha
Goldentraum
Tzschocha
Seidenberg
Friedeberg
Kupferberg
Fürstenstein
Rudelstadt
HIRSCHBG.
Bad Salzbr
Bad Warmbr.
Fischbach
LANDESHUT
WALDE
Gottesberg
Schreiberhau
Kochelfall
Josephinenhütte
Schmiedebg.
Grüssau
Wüstegie
Reifträger
Schneegruben-Baude
Kleine-Teich-Baude
Liebau
Schneekoppe
Schömberg
Friedland
Iser
ELBE
Aupa
××××××××× Grenze Schlesiens 1937
++++++++++ Grenze Schlesiens bis 1920
– – – – – – Grenze Regierungsbezirk
OPPELN Regierungsbezirkshauptstadt
GLOGAU Stadtkreis
.... Kreisgrenze
FRAUSTADT ● Kreisstadt
Reichenbach ● kreisangehörige Stadt
○ ○ ▙ ♁ Ortschaft, Burg, Kloster usw.
Niederschwedeld.
0
50 km